Exercícios de Matemática

Caderno de Atividades
7º ano

Ensino Fundamental II

5ª Edição

Álvaro Zimmermann Aranha
Manoel Benedito Rodrigues

Editora Policarpo

São Paulo
2025

Digitação, Diagramação : Sueli Cardoso dos Santos - suly.santos@gmail.com
Elizabeth Miranda da Silva - elizabeth.ms2015@gmail.com

Capa: Lisie De Luca - lisiedelucca@gmail.com - www.flickr.com/lisiedeluca

**Licenciados em Matemática pela Faculdade de Filosofia , Ciências e Letras de Moema
Os autores são (ou foram) professores ou coordenadores ou consultores de Matemática de algumas das mais importantes escolas de São Paulo tais como Colégio Visconde de Porto Seguro, Colégio Uirapuru, Colégio Liceu Jardim, Colégio Vértice, Colégio Bandeirantes, Colégio Móbile.
São também autores da Coleção Exercícios de Matemática (Ensino Médio) e da série Matemática nos Vestibulares (Vol.1 até Vol. 5), da Editora Policarpo.**

Dados Internacionais de Catalogação, na Publicação (CIP)

(Câmara Brasileira do Livro, SP, Brasil)

Aranha, Álvaro Zimmermann. Rodrigues, Manoel Benedito.
Matemática / Álvaro Zimmermann, Manoel Benedito Rodrigues.
- São Paulo: Editora Policarpo, **5ª Edição - 2025**
ISBN: 978-65-88667-38-5
1. Matemática 2. Ensino fundamental
I. Aranha, Álvaro Zimmermann II. Rodrigues, Manoel Benedito
III. Exercícios de Matemática Caderno de Atividade 7º ano

Índices para catálogo sistemático:

site: http://editorapolicarpo.com.br

EDITORA POLICARPO LTDA
Loja pavimento térreo do Edifício Maria Antonieta
Rua: Dr. Rafael de Barros, 252
São Paulo – SP – CEP: 04003 – 041
Tels.: (11) 3284 – 8916 / (11) 4306 – 4903
e – mail: contato@editorapolicarpo.com.br

APRESENTAÇÃO

Exercícios de Matemática para o Ensino Fundamental II é um Caderno de Atividades para uso complementar ao livro-texto de Matemática adotado pelos professores.

Pretendemos desenvolver (significativamente) nos alunos, habilidades nas operações com números (naturais, inteiros, decimais, fracionários, irracionais), com o cálculo algébrico (produtos notáveis, fatoração, frações algébricas) e na resolução de equações e sistemas de equações do primeiro e segundo graus.

Nosso objetivo também é aprimorar suas habilidades na resolução de todos os tipos de problemas de Matemática inclusive aqueles relativos aos conteúdos de Geometria desenvolvidos neste nível escolar.

Uma preocupação muito importante deste Caderno é a de desenvolver a autonomia dos alunos. Sugerimos que, sempre que possível, o aluno trabalhe individualmente e verifique, autonomamente, se suas respostas estão certas (as respostas aparecem, sempre, na folha seguinte aquela que está sendo usada). Se o aluno errar a resposta do problema ou não souber continuar sua resolução, deverá pedir a ajuda do professor que o "desenroscará" da dúvida para que ele possa tentar terminar ou corrigir aquele exercício, sozinho - assim, o aluno estará aumentando sua iniciativa e sua independência intelectual.

Os itens deste Caderno foram elaborados e dispostos numa ordem crescente do grau de dificuldade, muito suave, para que o aluno consiga progredir sozinho, sempre que possível.

Os autores

Índice

MEDIDAS

Após o estudo de número decimais é apropriado a abordagem de medidas de segmentos e, áreas.

Segmentos

múltiplos do metro			Unidade	submúltiplos do metro		
quilômetro	hectômetro	decâmetro	metro	decímetro	centímetro	milímetro
km	hm	dam	m	dm	cm	mm
1000 m	100 m	10 m	1 m	0,1 m	0,01 m	0,001 m

Em verdadeira grandeza (observar em uma régua milimetrada):

1 mm:

1 cm: = 10 mm

1 dm: = 10 cm

1 cm = 10 mm, 1 dm = 10 cm = 10 (1 cm) = 10 (10 mm) = 100 mm

Em escala:

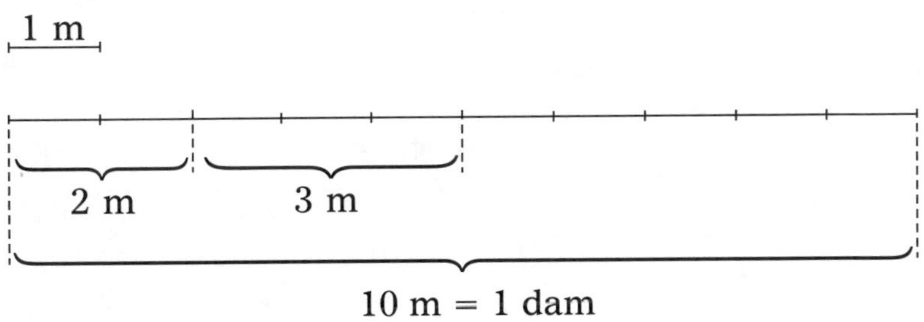

Exemplo: 1 dam = 10 m = 10 (1 m) = 10 (10 dm) = 100 dm

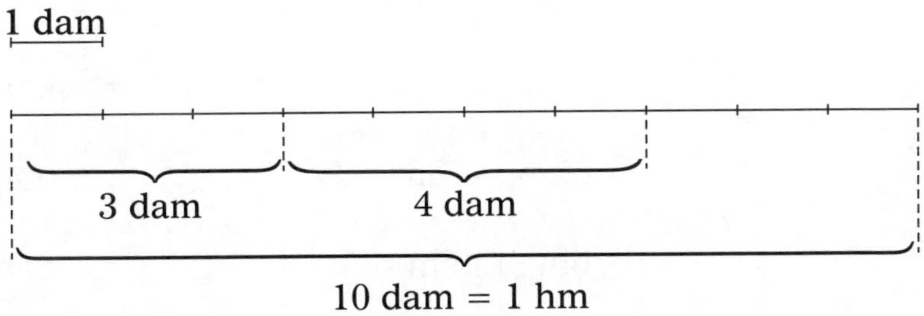

Exemplo: 1 hm = 10 dam = 10 (1 dam) = 10 (100 dm) = 1000 dm

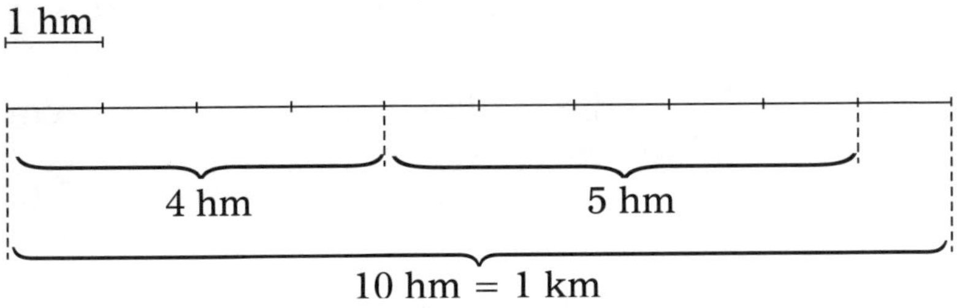

Exemplos: 1) 1 km = 10 hm = 10 (1 hm) = 10 (1000 dm) = 10 000 dm

2) 1 km = 10 000 dm = 10 000 (1 dm) = 10 000 (10 cm) = 100 000 cm

3) 1 km = 10^5 cm = 10^5 (1 cm) = 10^5 (10 mm) = 10^6 mm

Exemplos:

1) 10 m = 1 dam $\Longrightarrow$ 10 (1 m) = 1 dam $\Longrightarrow$ 1 m = $\frac{1}{10}$ dam $\Longrightarrow$ 1 m = 0,1 dam

Da mesma forma:

2) hm = 0,1 km ; 1 cm = 0,1 dm ; 1 mm = 0,1 cm

3) 1 m = 0,01 hm ; 1 dm = 0,01 dam ; 1 cm = 0,001 dam

4) 1 cm = 0,001 dam = $\frac{1}{1000}\,\text{dam} = \frac{1}{10^3}\,\text{dam}$

5) 174,2 m = 17,42 dam = 1,742 hm = 0,1742 km

6) 2,432 km = 24,32 hm = 243, 2 dam = 2432 m = 24320 dm

1 Completar:

a) 1 km =	hm	1 hm =	dam	1 dam =	m
b) 1 m =	dm	1 dm =	cm	1 cm =	mm
c) 1 km =	dam	1 hm =	m	1 dam =	dm
d) 1 m =	cm	1 dm =	mm	1 km =	m
e) 1 hm =	dm	1 dam =	cm	1 m =	mm
f) 1 km =	dm	1 hm =	cm	1 dam =	mm

2 Completar:

a) 1 dm =	m	1 cm =	m	1 mm =	m
b) 1 m =	dam	1 hm =	km	1 dam =	km
c) 1 m =	hm	1 mm =	dm	1 m =	km
d) 1 cm =	dm	1 dm =	dam	1 mm =	dam
e) 1 dam =	hm	1 dm =	hm	1 cm =	dam
f) 1 dm =	km	1 cm =	km	1 mm =	hm

03 Completar, usando potência de base 10.

a) 1 km =	m	1 km =	dm	1 km =	cm
b) 1 hm =	m	1 hm =	dm	1 hm =	mm
c) 1 dam =	cm	1 m =	mm	1 m =	dm
d) 1 km =	mm	1 hm =	cm	1 dam =	mm
e) 1 km =	hm	1 km =	dam	1 hm =	dam

km	hm	dam	m	dm	cm	mm

4 Completar, usando potência de base 10.

Lembre-se de que: $0{,}001 = \frac{1}{1000} = \frac{1}{10^3}$

a) 1 m =	dam	1 cm =	dm
b) 1 mm =	dm	1 m =	hm
c) 1 cm =	dam	1 cm =	hm
d) 1 mm =	hm	1 dm =	km
e) 1 cm =	km	1 m =	km

5 Completar:

a) 2,785 m =	dm =	cm =	mm
b) 7432,5 m =	dam =	hm =	km
c) 52 m =	hm =	cm =	dam
d) 0,052 km =	m =	cm =	mm
e) 7 m =	km =	dam =	cm
f) 5000 mm =	m =	cm =	hm

6 Deixando a vírgula onde está, multiplicando por uma potência conveniente de base 10, transformar em metros as seguintes medidas:

a) 2,78 km =	3,1 hm =
b) 3,16 dam =	4,1 cm =
c) 2,25 dm =	3,7 mm =

7 Expressar em um número de metros, com apenas um algarismo e não nulo, antes da vírgula, as seguintes medidas:

a) $324{,}7$ km $= 324700$ m $= 3{,}247 \cdot 10^5$ m (ou $3{,}247 \cdot 10^2$ km $= 3{,}247 \cdot 10^2 \cdot 10^3$ m) $= 3{,}247 \cdot 10^5$ m

b) 735,6 hm =

c) 6412 km =

d) 547000 cm =

e) 0,071 km =

f) 0,273 cm =

g) 0,0421 mm =

Regiões planas (áreas)

múltiplos do m^2			Unidade	submúltiplos do m^2		
quilômetro quadrado	hectômetro quadrado	decâmetro quadrado	metro quadrado	decímetro quadrado	centímetro quadrado	milímetro quadrado
km^2	hm^2	dam^2	m^2	dm^2	cm^2	mm^2
$1000\ 000\ m^2$	$10000\ m^2$	$100\ m^2$	$1\ m^2$	$0{,}01\ m^2$	$0{,}0001\ m^2$	$0{,}000001\ m^2$

Em verdadeira grandeza:

□ ← $1\ mm^2$

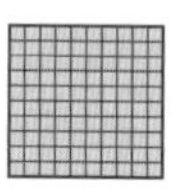 ← $1\ cm^2 = (1\ cm)\cdot(1\ cm) = (10\ mm)(10\ mm) = 100\ mm^2$

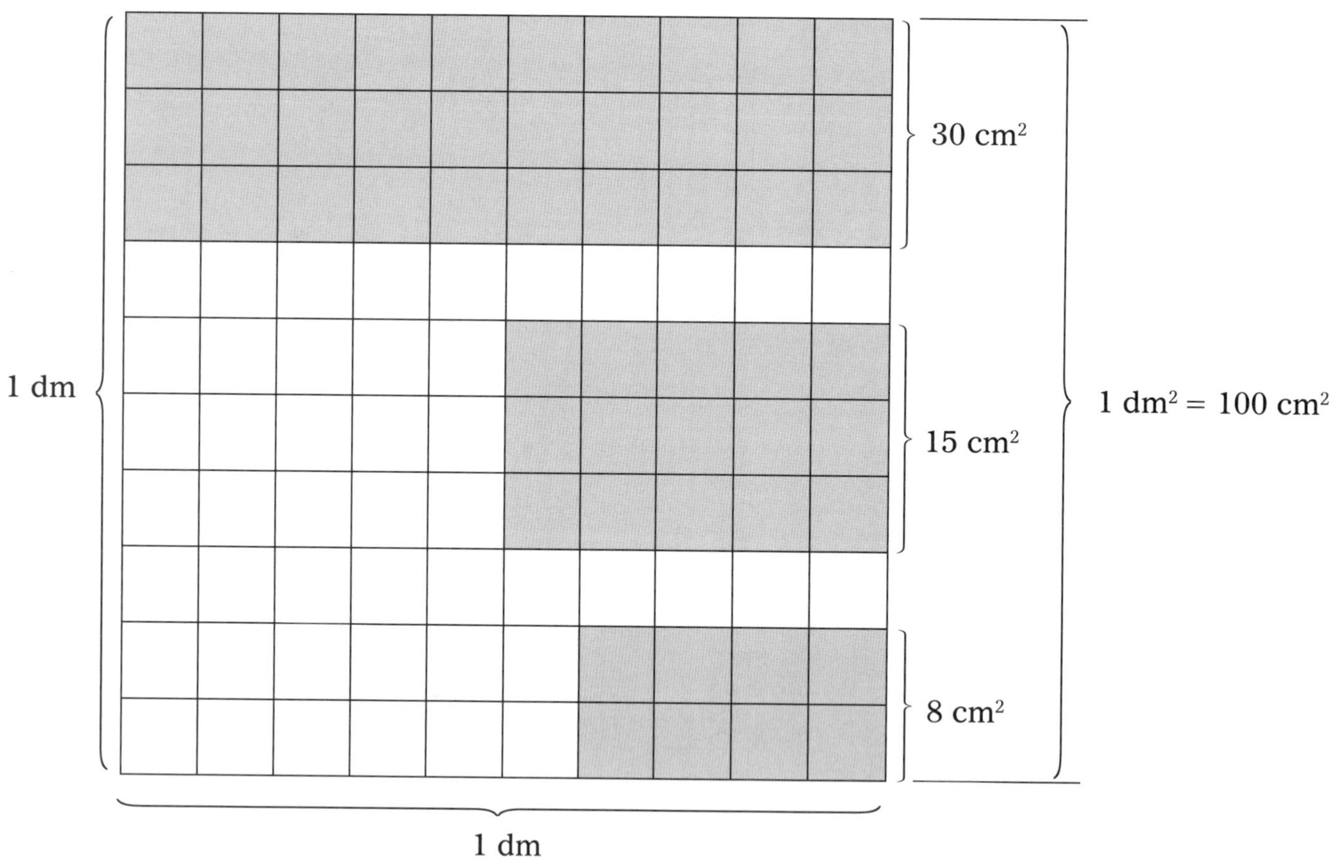

Exemplo: $100\ cm^2 = (10\ cm)(10\ cm) = (100\ mm)(100\ mm) = 10000\ mm^2$

Da mesma forma obtemos:

1) $1m^2 = (1\ m)(1\ m) = (10\ dm)(10\ dm) = 100\ dm^2$

2) $1\ m^2 = 100\ dm^2 = 100\ (1\ dm^2) = 100\ (100\ cm^2) = 10\ 000\ cm^2$

3) $1\ dam^2 = (1\ dam)(1\ dam) = (10\ m)(10\ m) = 100\ m^2$

4) $1\ hm^2 = (1\ hm)(1\ hm) = (100\ m)(100\ m) = 10000\ m^2$

5) $1\ km^2 = (1\ km)(1\ km) = (1000\ m)(1000\ m) = 1000\ 000\ m^2$

Exemplos:

1) $1\ km^2 = 100\ hm^2$; $1\ hm^2 = 100\ dam^2$; $1\ dam^2 = 100\ m^2$

2) $1\ km^2 = 100\ (1\ hm^2) = 100\ (100\ dam^2) = 10000\ dam^2 = 10^4\ dam^2$

3) $1\ km^2 = 10^4\ dam^2 = 10^4\ (1\ dam^2) = 10^4 \cdot (100\ m^2) = 10^4 \cdot 10^2\ m^2 = 10^6\ m^2$

4) $1\ km^2 = 10^6\ m^2 = 10^6 \cdot (1\ m^2) = 10^6 \cdot (100\ dm^2) = 10^6 \cdot 10^2\ dm^2 = 10^8\ dm^2$

5) $100\ cm^2 = 1\ dm^2 \implies 100\ (1\ cm^2) = 1\ dm^2 \implies 1\ cm^2 = \frac{1}{100}\ dm^2 \implies 1\ cm^2 = 0{,}01\ dm^2$ ou $1\ cm^2 = \frac{1}{10^2}\ dm^2$

Da mesma forma:

6) $1\ mm^2 = 0{,}01\ cm^2$

7) $1\ m^2 = 0{,}01\ dam^2$

8) $1\ dam^2 = 0{,}0001\ km^2$

9) $17843\ m^2 = 178{,}43\ dam^2 = 1{,}7843\ hm^2 = 0{,}017843\ km^2$

10) $0{,}03481\ km^2 = 3{,}481\ hm^2 = 348{,}1\ dam^2 = 34810\ m^2 = 3481000\ dm^2$

8 Completar:

a) $1\ km^2 =$	hm^2	$1\ hm^2 =$	dam^2	$1\ dam^2 =$	m^2
b) $1\ m^2 =$	dm^2	$1\ dm^2 =$	cm^2	$1\ cm^2 =$	mm^2
c) $1\ hm^2 =$	m^2	$1\ km^2 =$	dam^2	$1\ dm^2 =$	mm^2
d) $1\ m^2 =$	cm^2	$1\ dam^2 =$	dm^2	$1\ km^2 =$	m^2
e) $1\ hm^2 =$	dm^2	$1\ dam^2 =$	cm^2	$1\ m^2 =$	mm^2

9 Completar:

a) $1\ dm^2 =$	m^2	$1\ hm^2 =$	km^2	$1\ mm^2 =$	cm^2
b) $1\ dam^2 =$	hm^2	$1\ cm^2 =$	dm^2	$1\ m^2 =$	hm^2
c) $1\ dam^2 =$	km^2	$1\ mm^2 =$	dm^2	$1\ cm^2 =$	m^2
d) $1\ m^2 =$	km^2	$1\ mm^2 =$	m^2	$1\ dm^2 =$	hm^2

10 Completar, usando potência de base 10.

a) $1\ km^2 =$	m^2	$1\ hm^2 =$	m^2	$1\ hm^2 =$	dm^2
b) $1\ km^2 =$	dm^2	$1\ hm^2 =$	cm^2	$1\ km^2 =$	cm^2
c) $1\ dam^2 =$	cm^2	$1\ km^2 =$	dam^2	$1\ dam^2 =$	mm^2
d) $1\ m^2 =$	mm^2	$1\ km^2 =$	mm^2	$1\ dm^2 =$	mm^2

Resp: **1** a) 10 ; 10 ; 10 b) 10 ; 10 ; 10 c) 100 ; 100 ; 100 d) 100 ; 100 ; 1000 e) 1000 ; 1000 ; 1000 f) 10000 ; 10000 ; 10000

2 a) 0,1 ; 0,01 ; 0,001 b) 0,1 ; 0,1 ; 0,01 c) 0,01 ; 0,01 ; 0,001 d) 0,1 ; 0,01 ; 0,0001 e) 0,1 ; 0,001 ; 0,001 f) 0,0001 ; 0,00001 ; 0,00001

3 a) 10^3 ; 10^4 ; 10^5 b) 10^2 ; 10^3 ; 10^5 c) 10^3 ; 10^3 ; 10 d) 10^6 ; 10^4 ; 10^4 e) 10 ; 10^2 ; 10

4 a) $\frac{1}{10}$; $\frac{1}{10}$ b) $\frac{1}{10^2}$; $\frac{1}{10^2}$ c) $\frac{1}{10^3}$; $\frac{1}{10^4}$ d) $\frac{1}{10^5}$; $\frac{1}{10^4}$ e) $\frac{1}{10^5}$; $\frac{1}{10^3}$

5 a) 27,85 dm = 278,5 cm = 2785 mm b) 743,25 dam = 74,325 hm = 7,4325 km c) 0,52 hm = 5200 cm = 5,2 dam d) 52 m = 5200 cm = 52000 mm e) 0,007 km = 0,7 dam = 700 cm f) 5 m = 500 cm = 0,05 hm

6 a) $2{,}78 \cdot 10^3$ m ; $3{,}1 \cdot 10^2$ m b) $3{,}16 \cdot 10$ m ; $4{,}1 \cdot \frac{1}{10^2}$ m c) $2{,}25 \cdot \frac{1}{10}$ m ; $3{,}7 \cdot \frac{1}{10^3}$ m

7 a) $3{,}247 \cdot 10^5$ m b) $7{,}356 \cdot 0^4$ m c) $6{,}412 \cdot 10^6$ m d) $5{,}47 \cdot 10^3$ m e) $7{,}1 \cdot 10$ m f) $2{,}73 \cdot \frac{1}{10^3}$ m g) $4{,}21 \cdot \frac{1}{10^5}$ m

11 Completar, usando potência de base 10.

a) 1 m^2 =	dam^2	1 hm^2 =	km^2
b) 1 cm^2 =	m^2	1 dm^2 =	dam^2
c) 1 mm^2 =	m^2	1 dm^2 =	hm^2
d) 1 mm^2 =	hm^2	1 cm^2 =	km^2
e) 1 dm^2 =	km^2	1 cm^2 =	dam^2

12 Completar:

a) 3,4897 m^2 =	dm^2 =	cm^2 =	mm^2
b) 479860 m^2 =	dam^2 =	hm^2 =	km^2
c) 49 m^2 =	dm^2 =	cm^2 =	mm^2
d) 0,002 hm^2	dam^2 =	cm^2 =	m^2
e) 9 m^2 =	dam^2 =	cm^2 =	hm^2
f) 0,07 hm^2 =	dm^2 =	km^2 =	cm^2

13 Deixando a vírgula onde está, multiplicando por uma potência conveniete de base 10, transformar em metros quadrados as seguintes medidas:

a) 3,41 dam^2 =	7,41 hm^2 =
b) 3,41 km^2 =	1,47 cm^2 =
c) 9,45 dm^2 =	6,08 mm^2 =

14 Expressar em número de metros quadrados, com apenas um algarismo e não nulo, antes da vírgula, as seguintes medidas:

a) 24180 dam^2 = 2418000 m^2 = $2,418 \cdot 10^6$ m^2 (ou $2,418 \cdot 10^4$ dam^2)

b) 342 hm^2 =

c) 2318 km^2 =

d) 0,0071 hm^2 =

e) 0,0002 km^2 =

f) 72813 dm^2 =

g) 4100 mm^2 =

h) 0,342 cm^2 =

i) 0,007 mm^2 =

15 Transformar em m ou m^2, conforme for o caso, com apenas um algarismo e não nulo, antes da vírgula, as seguintes medidas:

a) $351,3 \cdot 10^8$ cm =

b) $0,00025 \cdot \frac{1}{10^3}$ dam^2 =

c) $0,000075 \cdot \frac{1}{10^3}\,km^2 =$

d) $0,0031 \cdot \frac{1}{10^8}\,km =$

e) $52300 \cdot 10^7\ cm^2 =$

16 Obtenha os resultados em m, m^2, conforme for o caso:

a) 3454 mm + 0,0318 dam + 0,03 hm

b) $0,00512\ hm^2 + 327000\ cm^2$

c) $32445\ dm^3 + 0,000019675\ hm^3$

d) 2143,2 cm + 0,0784 hm – 5480 mm

e) $300,56 \cdot \frac{1}{10^7}\,km^2 - 0,1937 \cdot 10^8\ mm^2$

g) $3142 \cdot 10^{11}\ mm^2 + 5,8 \cdot 10^2\ hm^2 + 0,4138 \cdot 10^{13}\ dm^2$

Resumo das transformações de unidades

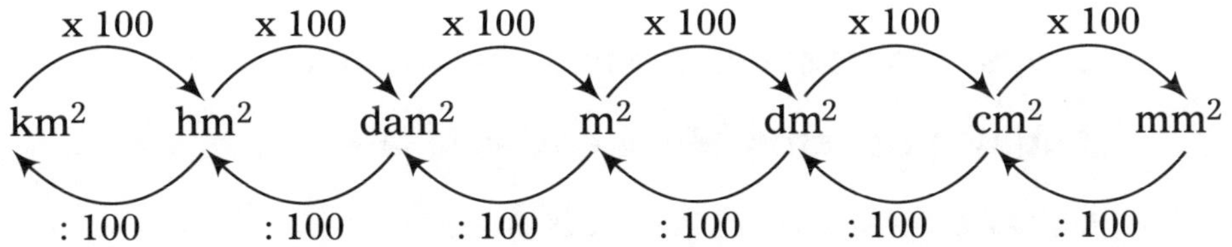

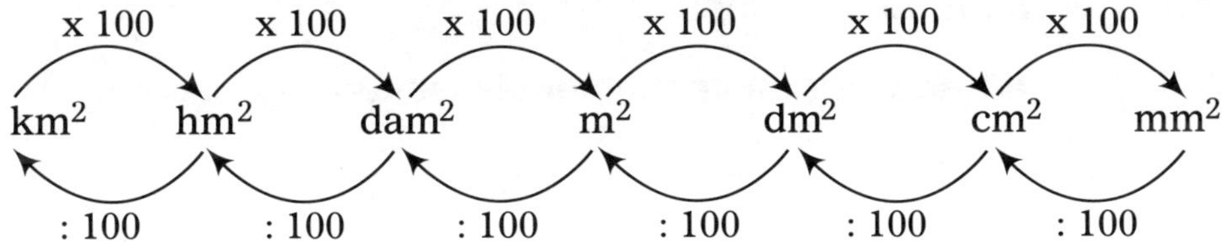

Mais múltiplos e submúltiplos do metro

megametro (Mm): 1 Mm = 10^6 m	micrometro (μm): 1 μm = 10^{-6} m
gigametro (Gm): 1 Gm = 10^9 m	nanometro (nm) = 1 nm = 10^{-9} m
Terametro (Tm): 1 Tm = 10^{12}m	picometro (pm) = 1 pm = 10^{-12} m

Resp: **8** a) 100 ; 100 ; 100 b) 100 ; 100 ; 100 c) 10 000 ; 10 000 ; 10 000 d) 10 000 ; 10 000 ; 1000 000 e) 1000 000 ; 1000 000 ; 1000 000

9 a) 0,01 ; 0,01 ; 0,01 b) 0,01 ; 0,01 ; 0,0001 c) 0,0001 ; 0,0001 ; 0,0001 d) 0,000 001 ; 0,000 001 ; 0,000 001

10 a) 10^6 ; 10^4 ; 10^6 b) 10^8 ; 10^8 ; 10^{10} c) 10^6 ; 10^4 ; 10^8 d) 10^6 ; 10^{12} ; 10^4

TÓPICOS DE GEOMETRIA

Áreas de alguns polígonos

Triângulos

Escaleno
Três lados de medidas diferentes

Isósceles
Dois lados de medidas iguais

Equilátero
Três lados com a mesma medida

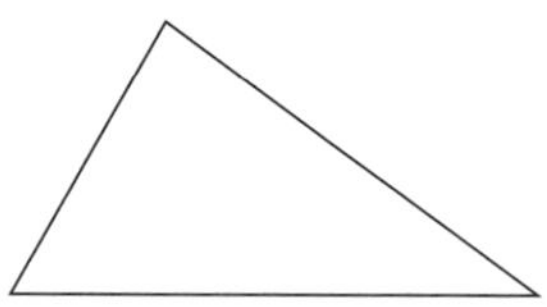

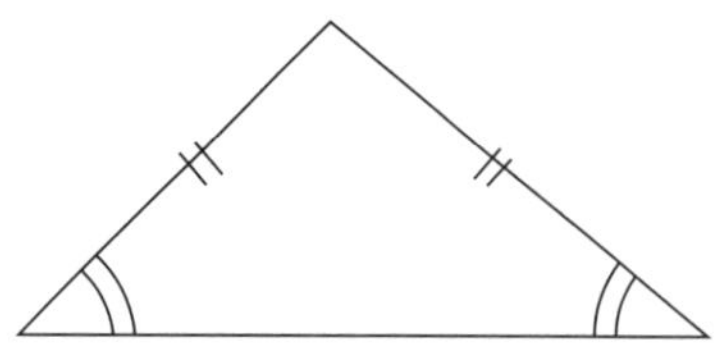

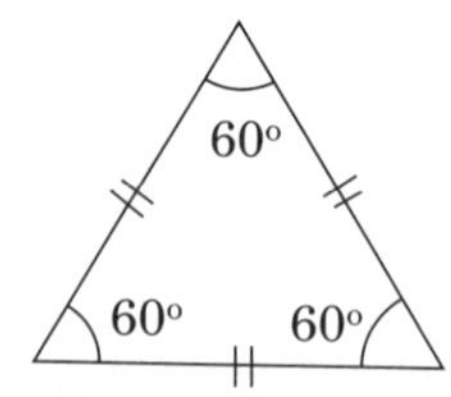

Triângulo retângulo

É aquele que tem um ângulo reto. O lado oposto ao ângulo reto chama-se **hipotenusa** e os outros dois são os **catetos**.

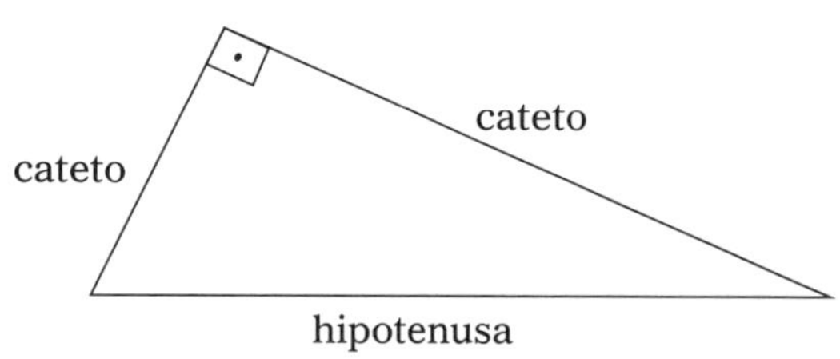

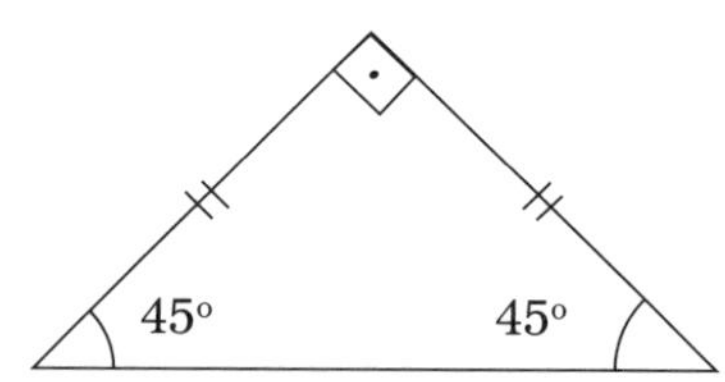

Paralelogramos: Têm lados opostos paralelos.

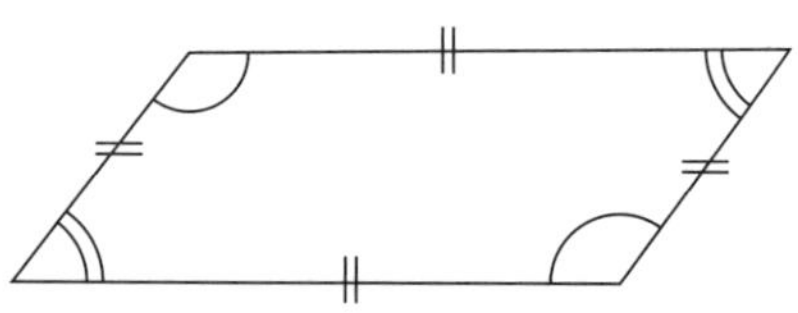

Lados opostos: têm medidas iguais.

Ângulos opostos: têm medidas iguais.

Losango: tem lados de medidas iguais.

Retângulo: tem ângulos retos (90° cada).

Quadrado: É simultaneamente losango e retângulo.

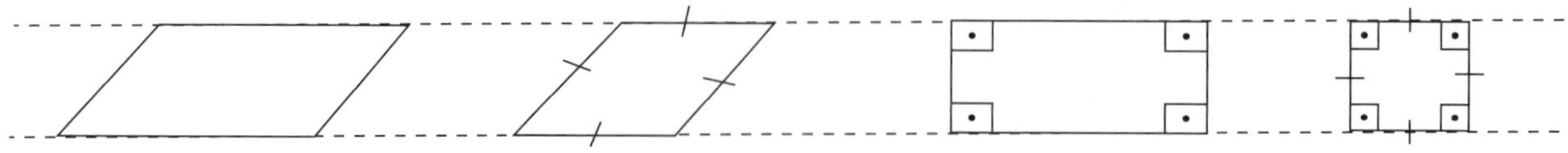

qualquer losango retângulo quadrado

As diagonais do quadrado e do losango são perpendiculares.

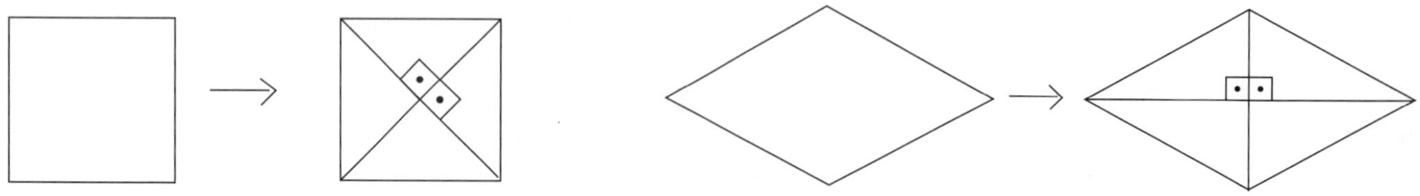

Unidade de área

No sistema internacional (SI) de medidas, o metro quadrado (m^2) é a unidade de área adotada. Esta também será usada para expressar áreas de terrenos para construção de casas, prédios, para áreas de apartamento, etc. Para área de cidades, estados, países, usamos o quilômetro quadrado km^2. Reveja algumas transformações:

1 km = 1000 m, 1 hm = 100 m, 1 dam = 10 m, 1 dm = 0,1 m, 1 cm = 0,01 m e 1 mm = 0,001 m.
$1\ km^2 = (1000\ m)^2 = 1000\ 000\ m^2$, $1\ hm^2 = (100\ m)^2 = 10\ 000\ m^2$, $1\ dam^2 = (10\ m)^2 = 100\ m^2$,
$1\ dm^2 = (0{,}1\ m)^2 = 0{,}01\ m^2$, $1\ cm^2\ (0{,}01\ m)^2 = 0{,}0001\ m^2$ e $1\ mm^2 = (0{,}001\ mm)^2 = 0{,}000001\ m^2$.
Em verdadeira grandeza, observe $1\ mm^2$, $1\ cm^2$ e $1\ dm^2$.

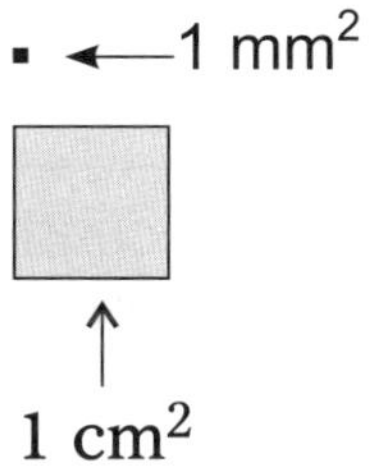

É fácil observar que:

$1\ cm^2 = 100\ mm^2$

$1\ dm^2 = 100\ cm^2$

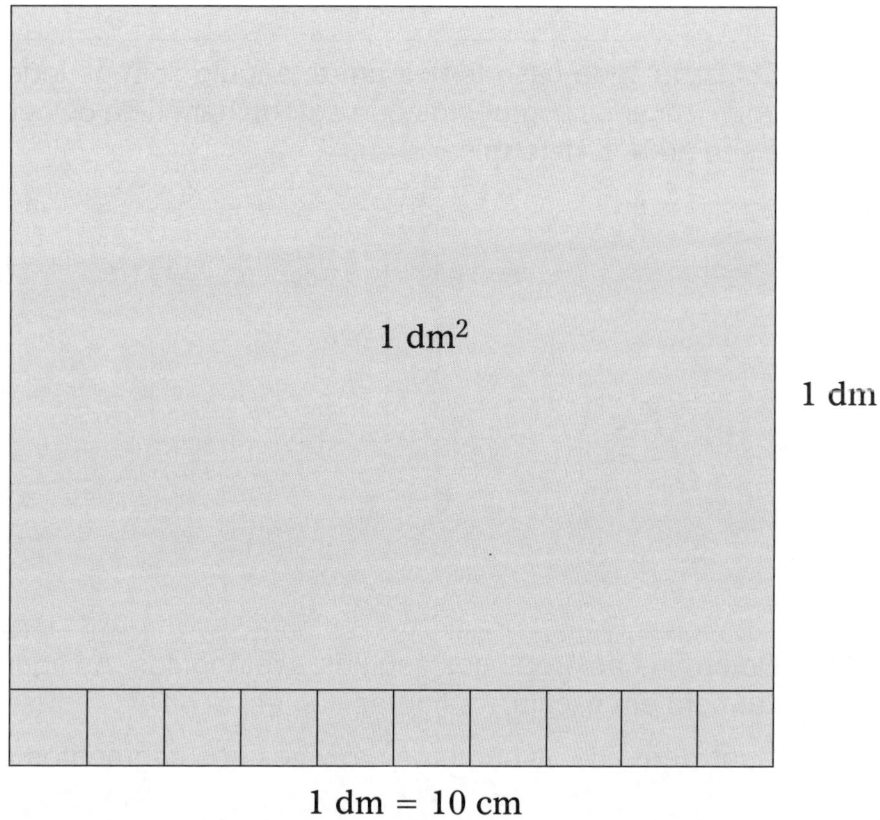

Fórmulas (Área = A ou Área = S)

a) Área de um quadrado de lado **a**.

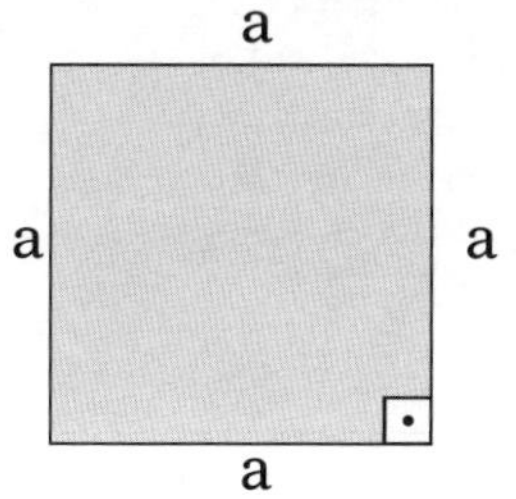

$A = a \cdot a \Rightarrow A = a^2$

b) Área de um retângulo de lados **a** e **b**.

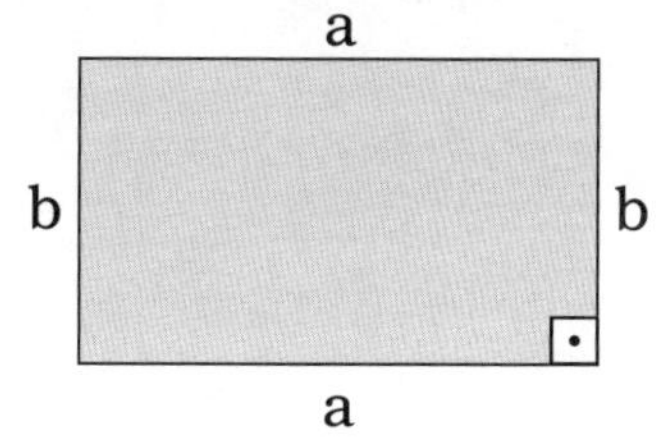

$A = a \cdot b$

Resp:

11 a) $\frac{1}{10^2}$; $\frac{1}{10^2}$ b) $\frac{1}{10^4}$; $\frac{1}{10^4}$ c) $\frac{1}{10^6}$; $\frac{1}{10^6}$ d) $\frac{1}{10^{10}}$; $\frac{1}{10^{10}}$ e) $\frac{1}{10^8}$; $\frac{1}{10^6}$

12 a) $348{,}97\ dm^2 = 34897\ cm^2 = 3489700\ mm^2$ b) $4798{,}6$ dam $= 47{,}986\ hm^2 = 0{,}47986\ km^2$
c) $4900\ dm^2 = 490\ 000\ cm^2 = 49\ 000\ 000\ mm^2$ d) $0{,}2\ dam^2 = 200\ 000\ cm^2 = 20\ m^2$
e) $0{,}09\ dam^2 = 90\ 000\ cm^2 = 0{,}0009\ hm^2$ f) $70\ 000\ dm^2 = 0{,}0007\ km^2 = 7000\ 000\ cm^2$

13 a) $\frac{1}{10^2}$; $\frac{1}{10^4}$ b) $\frac{1}{10^6}$; $\frac{1}{10^4}$ c) $\frac{1}{10^2}$; $\frac{1}{10^6}$
d) $7{,}1 \cdot 10\ m^2$ e) $2 \cdot 10^2\ m^2$ f) $7,\ 2813 \cdot 10^2\ m^2$

14 a) $2{,}418 \cdot \frac{1}{10^6}\ m^2$ b) $3{,}42 \cdot \frac{1}{10^6}\ m^2$ c) $2{,}318 \cdot \frac{1}{10^9}\ m^2$
g) $4{,}1 \cdot \frac{1}{10^3}\ m^2$ h) $3{,}42 \cdot \frac{1}{10^5}\ m^2$ i) $7 \cdot \frac{1}{10^9}\ m^2$

15 a) $3{,}513 \cdot 10^8$ m b) $2,5 \cdot \frac{1}{10^5}$ m c) $7,5 \cdot \frac{1}{10^2}\ m^2$ d) $3,1 \cdot \frac{1}{10^8}$ m e) $5{,}23 \cdot 10^7\ m^2$

16 a) 6,772 m b) $83{,}9\ m^2$ c) 23,792 m d) $10{,}686\ m^2$ e) $4{,}17 \cdot 10^{10}\ m^2$

c) Área de triângulo retângulo com catetos **b** e **c**.

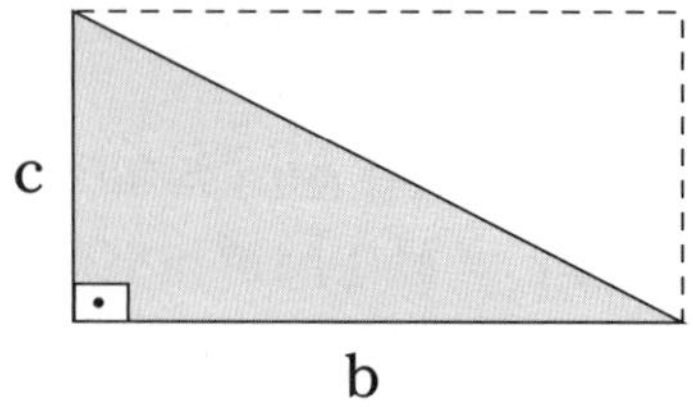

$$A = \frac{b \cdot c}{2}$$

d) Área de triângulo com lado **a** e altura relativa a ele **h**.

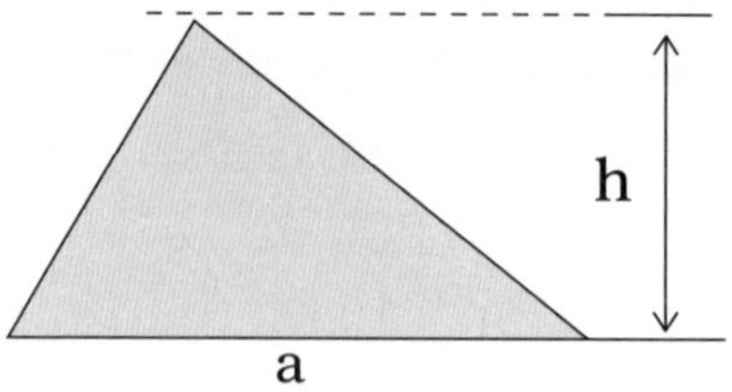

$$A = \frac{a \cdot h}{2}$$

17 Em cada cada caso temos um retângulo com os lados com números inteiros de centímetros. Traçar os segmentos que determinam nele os centímetros quadrados que determinam a sua área. E determinar a sua área.

a) 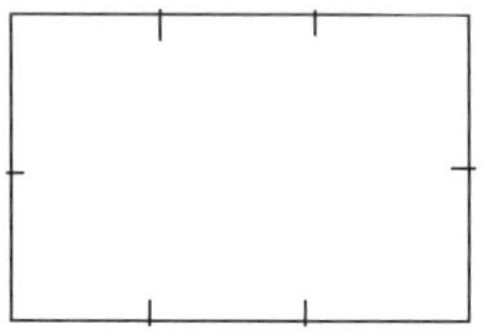

b) 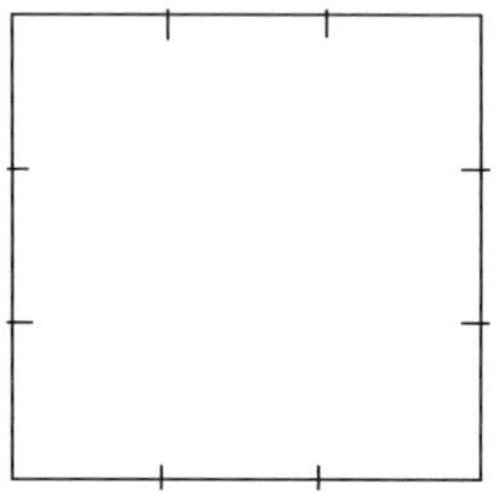

c) 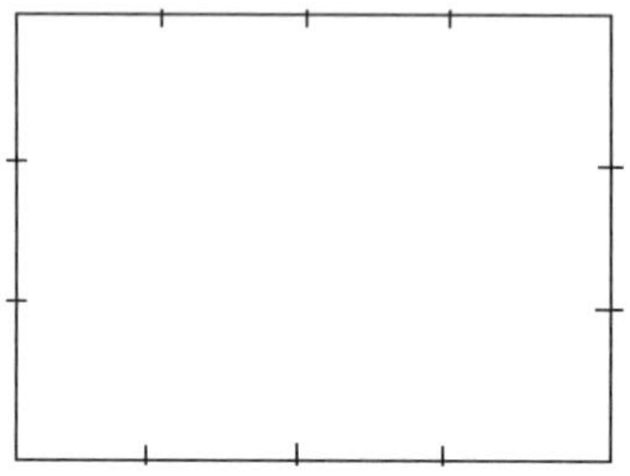

18 Determine as áreas dos seguintes retângulos. As figuras não estão em verdadeira grandeza, nem em escala. As figuras são esboços.

Considere que os números próximos aos segmentos são as suas medidas em metros (m).

a) 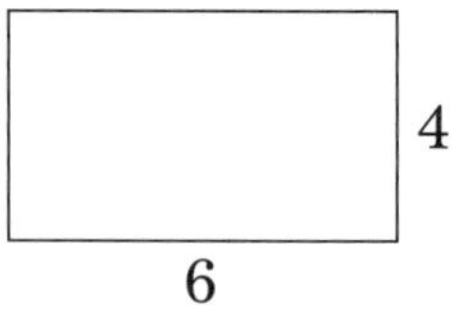

b) 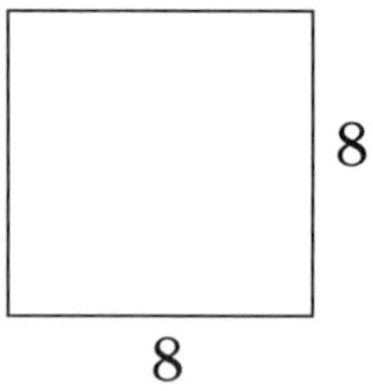

c) 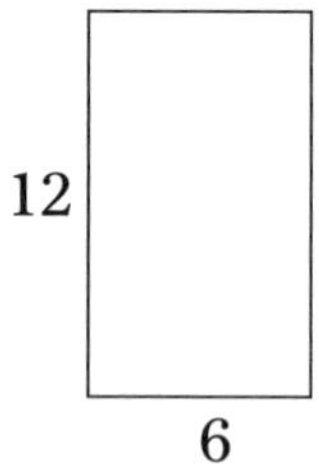

d) 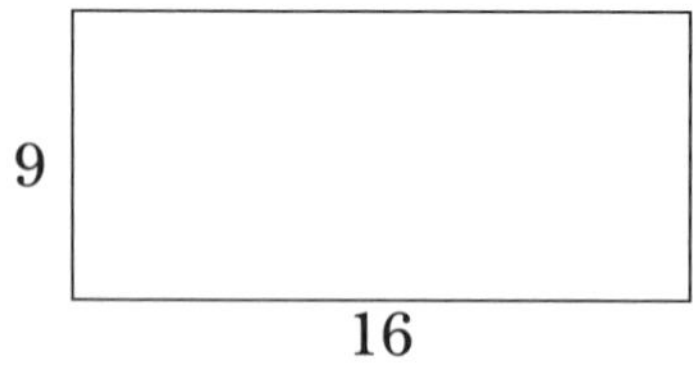

e) 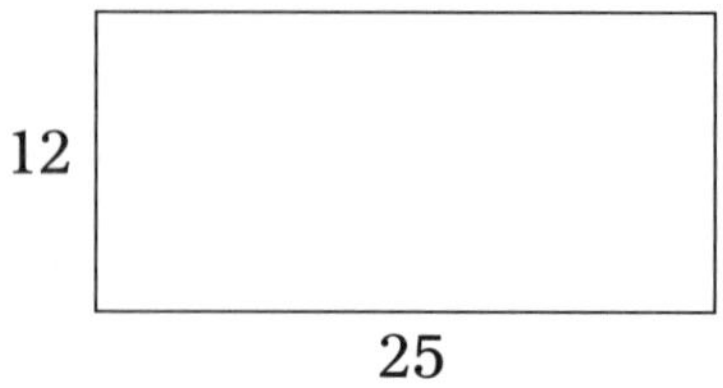

19 Determinar a área dos seguintes triângulos:

a)

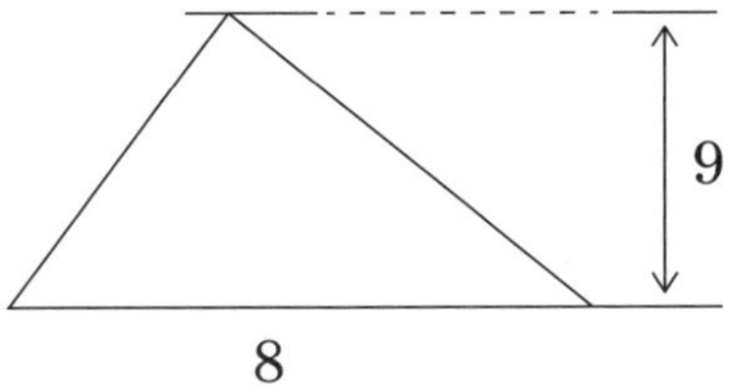

b)

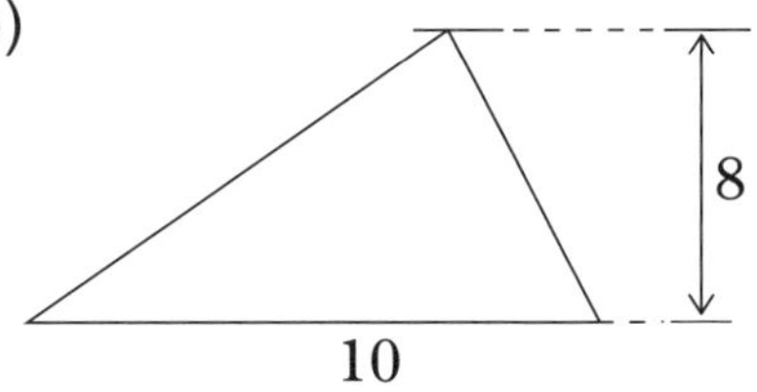

c)

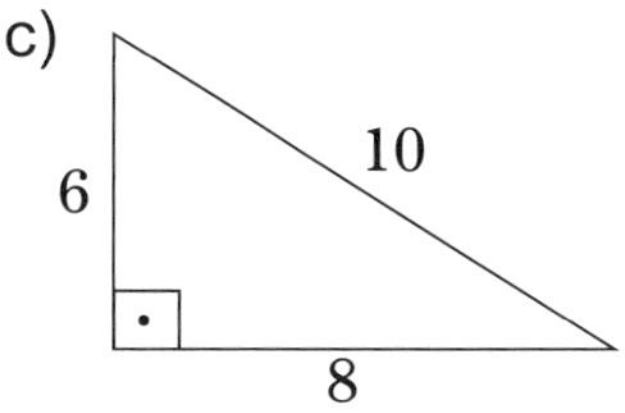

d)

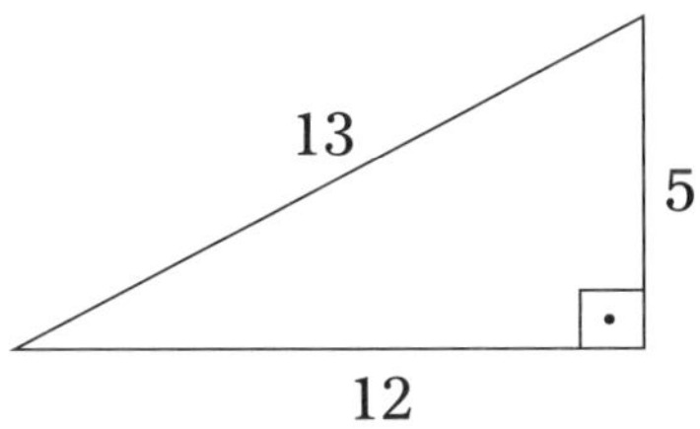

e)

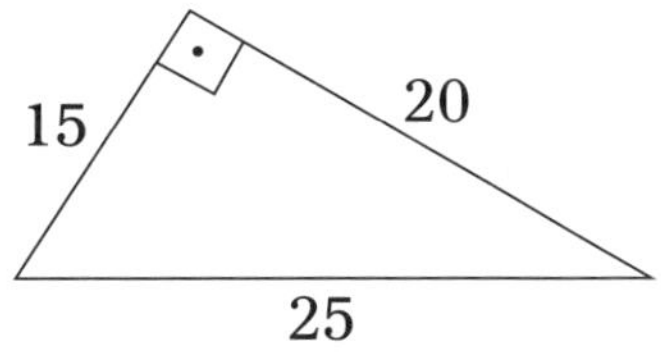

f)

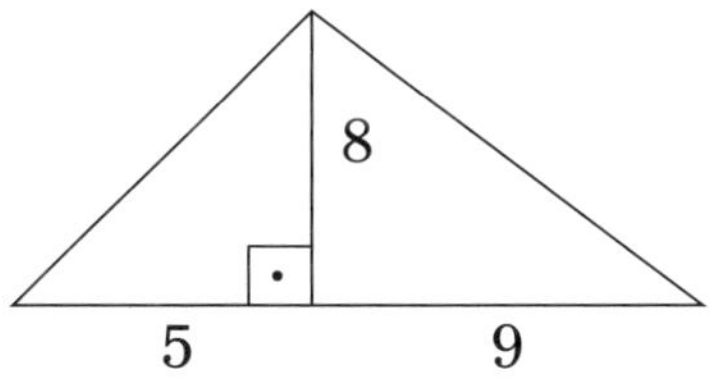

g)

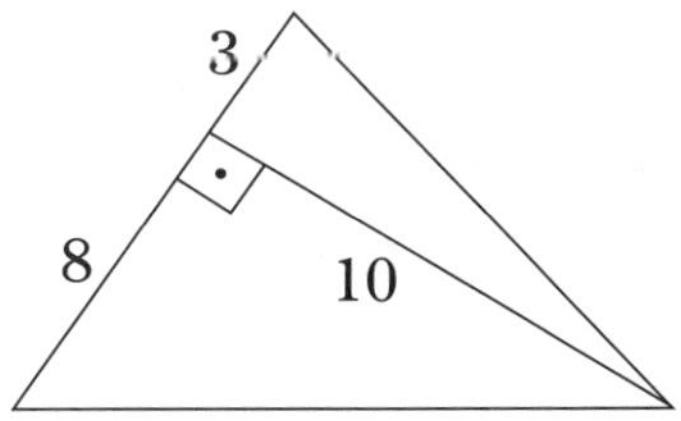

h)

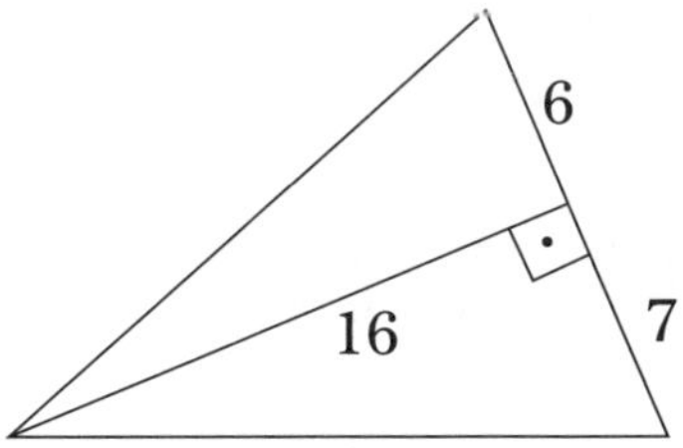

i)

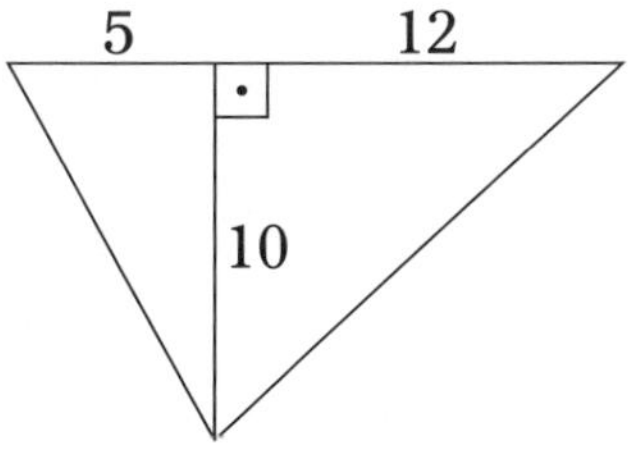

j)

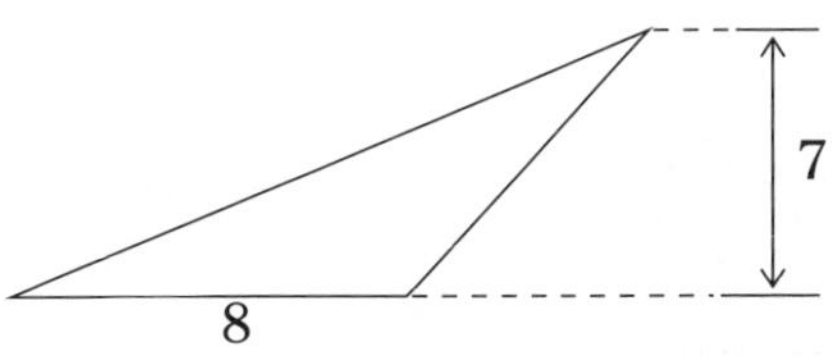

k)

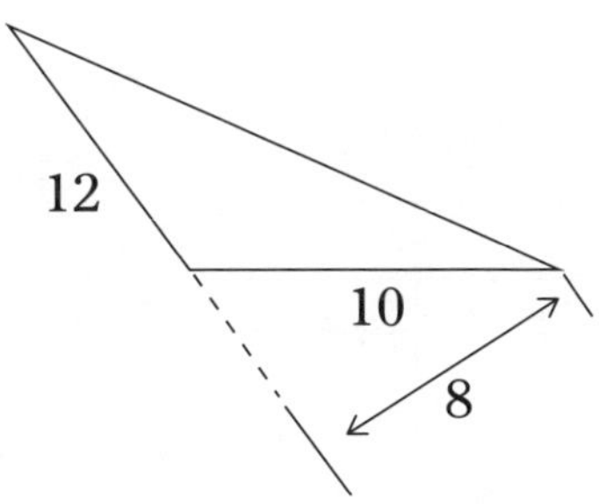

l)

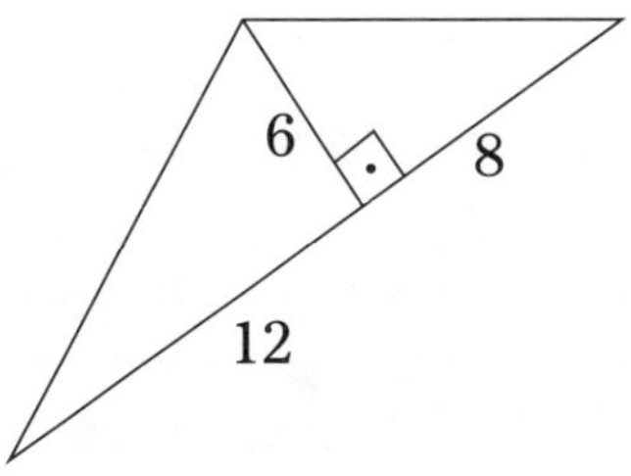

20 Sabendo que ABCD é retângulo, determinar a área do triângulo APQ, nos casos:

a)

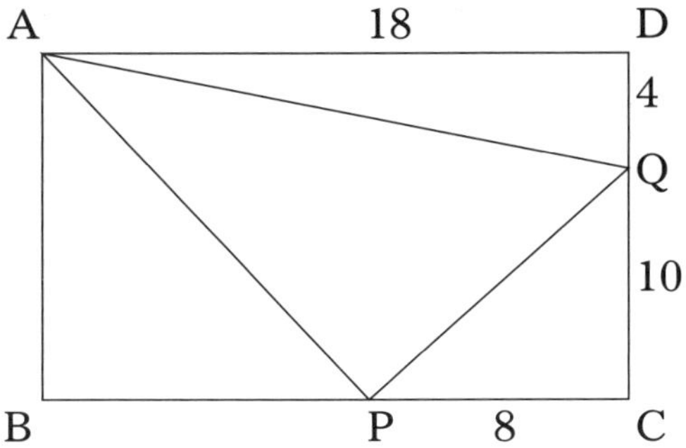

b)

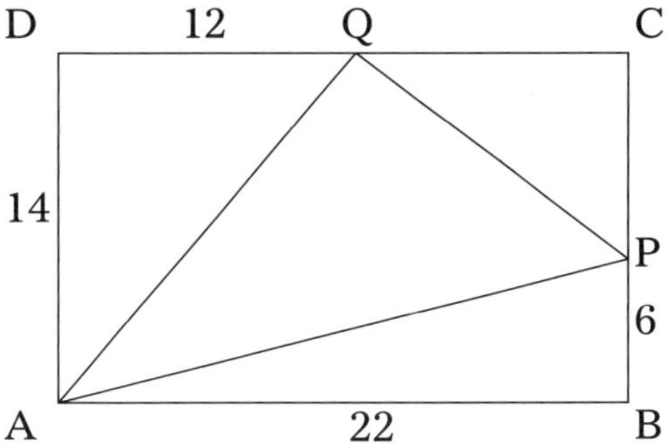

21 Em cada caso temos um plano cartesiano. Determinar a área do triângulo cujos vértices estão plotados. Considere que cada quadradinho da malha é a unidade de área (ua).

a)

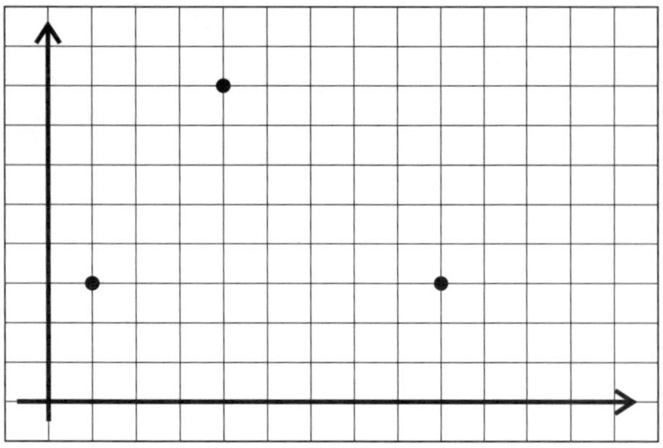

b)

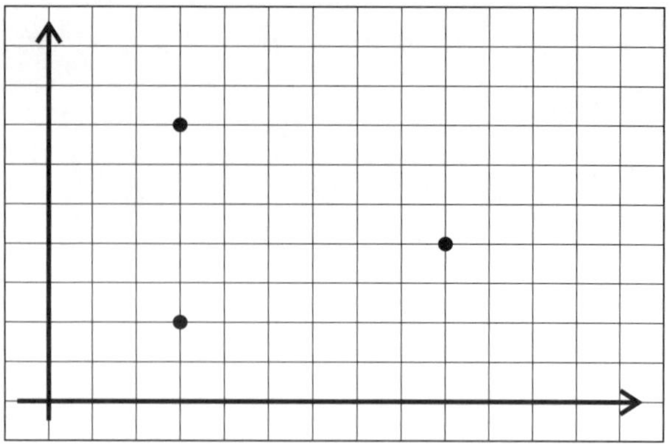

c)

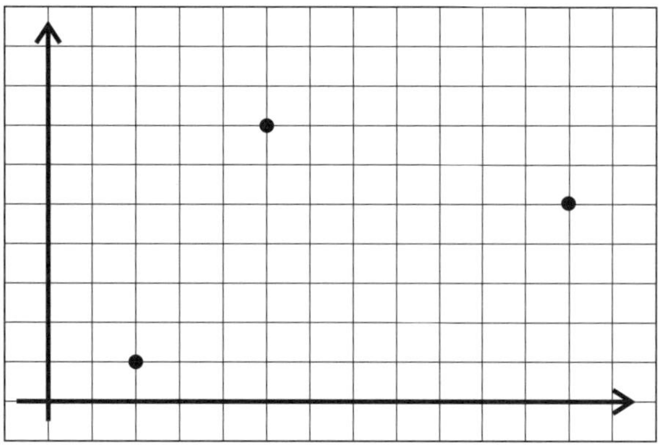

d)

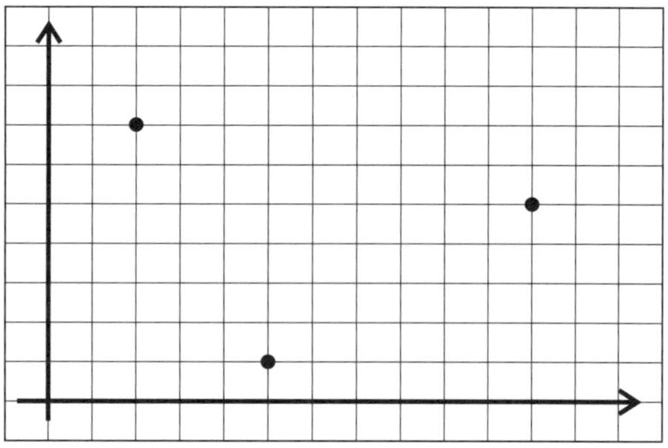

e)

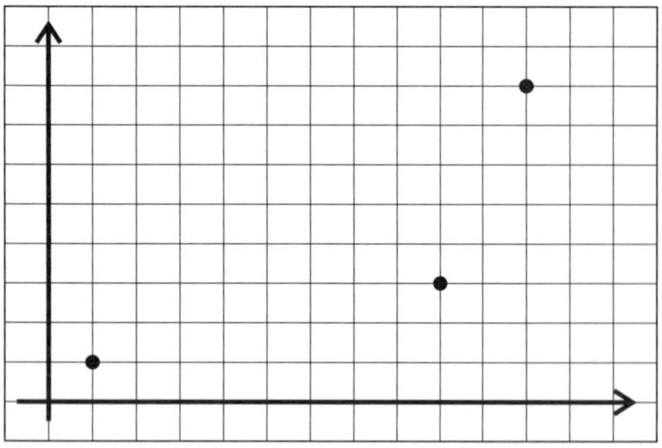

f)

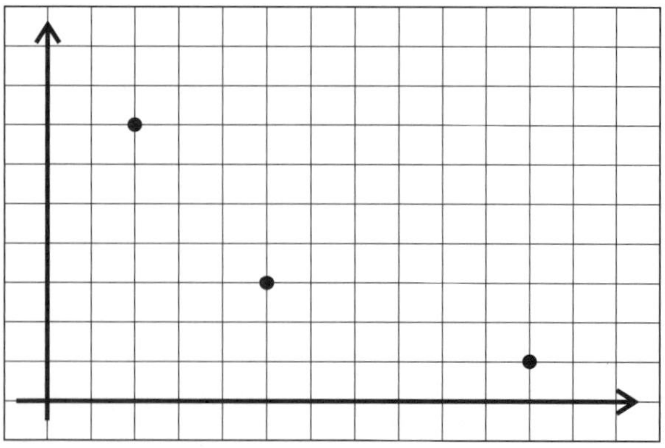

22 Determinar a área do triângulo ABC, nos casos:
Ponto (a, b), considerar **a** na horizontal e **b** na vertical.

a) A(3, 2) , B(10, 2), C(7,8)

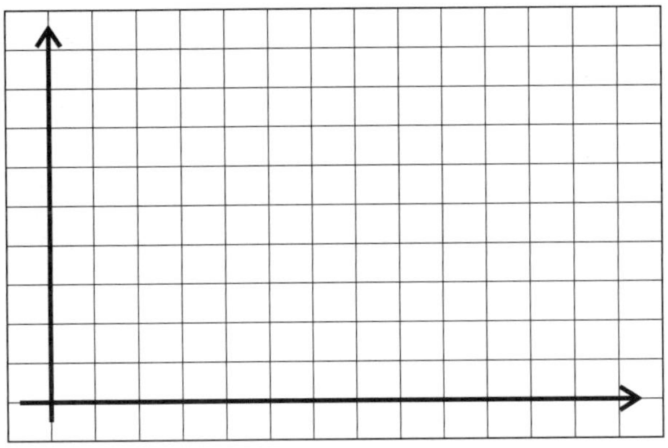

b) A(9, 2), B(9, 8), C(1, 4)

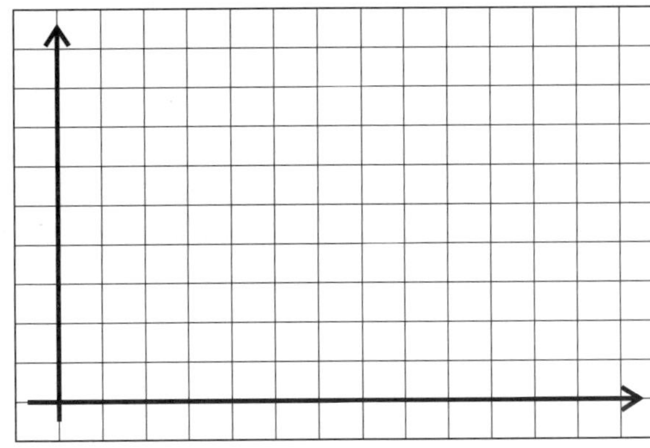

c) A(0, 6), B(12, 2), C(9, 8)

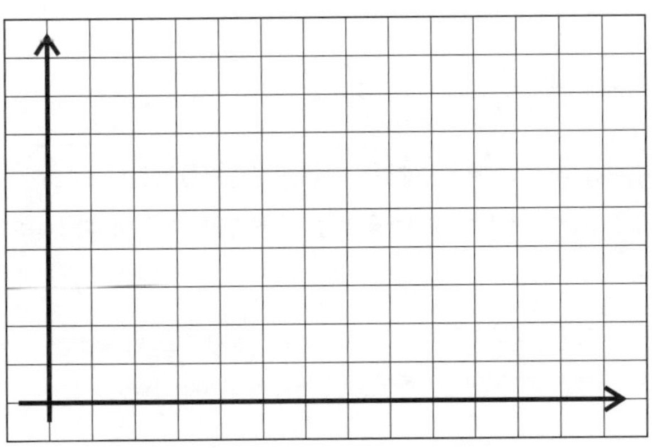

d) A(7, 0), B(12, 8), C(2, 4)

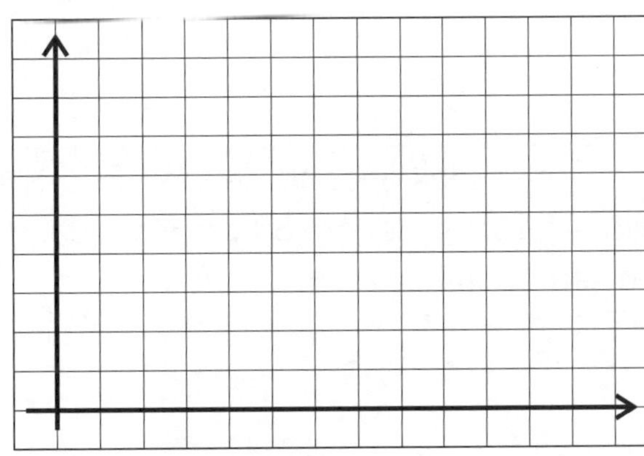

e) A(1, 0), B(9, 2), C(12, 8)

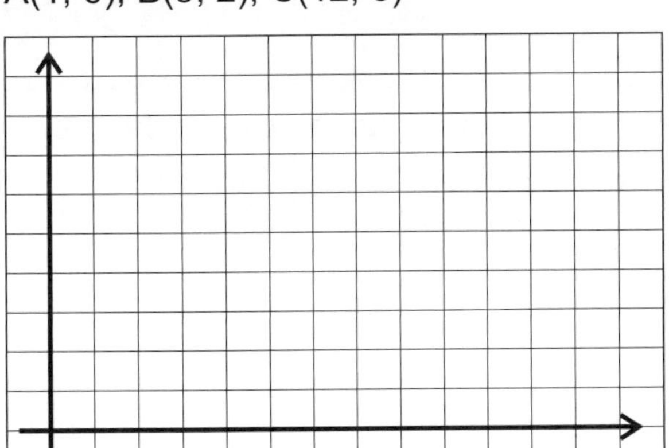

f) A(1, 7), B(4, 3), C(11, 1)

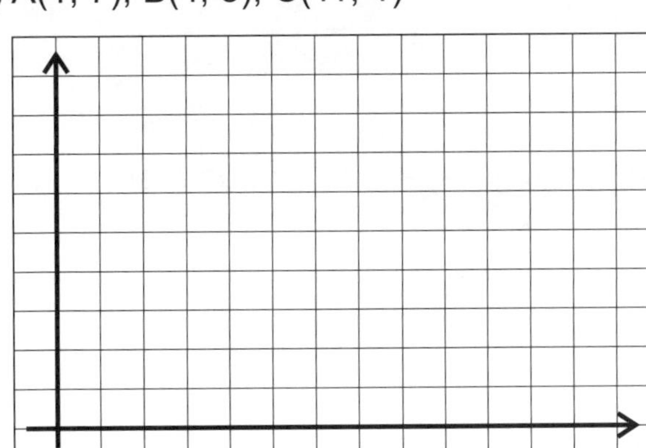

Resp: **17** a) 6 cm^2 b) 9 cm^2 c) 12 cm^2 **18** a) 24 m^2 b) 64 m^2 c) 72 m^2 d) 144 m^2 e) 300 m^2
19 a) 36 m^2 b) 40 m^2 c) 24 m^2 d) 30 m^2 e) 150 m^2 f) 56 m^2 g) 55 m^2 h) 104 m^2
i) 85 m^2 j) 28 m^2 k) 48 m^2 l) 60 m^2 **20** a) 106 m^2 b) 118 m^2

23 Resolver:

a) Um quadrado tem 28 cm de perímetro. Qual é a sua área?

b) Um quadrado tem 100 cm^2 de área. Qual é o seu perímetro?

c) Um lado de um retângulo mede 12 cm e ele tem 44 cm de perímetro. Qual é a sua área?

d) Um retângulo tem 48 cm^2 de área. Se um lado mede 6 cm, qual é o seu perímetro?

e) A soma de dois lados adjacentes de um retângulo é 34 cm e um destes lados excede o outro em 2 cm. Qual é a área deste retângulo?

f) A soma de dois lados opostos de um retângulo é 28 cm e o perímetro dele é de 48 cm. Qual é a área deste retângulo?

g) A soma de dois lados opostos de um retângulo é 12 cm e ele tem 60 cm^2 de área. Qual é o seu perímetro?

h) Um retângulo tem perímetro de 40 cm e um lado excede outro em 4 cm. Determinar a sua área.

i) A diferença entre os lados de dois retângulos é 5 e o seu perímetro é de 50 cm. Qual é a sua área?

24 Os lados um retângulo têm as medidas expressas por números inteiros de centímetros. Se este retângulo tem 24 cm^2 de área, qual é o seu perímetro?

OPERAÇÕES NO CONJUNTO DOS NÚMEROS NATURAIS ($\mathbb{N}$)

25 Resolva as seguintes expressões com números naturais (**N**).

Lembre-se:

1º) Resolver os parênteses ( ).

2º) Resolver os colchetes [ ].

3º) Resolver as chaves { }.

a) $9 \cdot 11 - 84 : 7 =$

b) $12 \cdot 7 - (45 : 9 + 27 : 3) =$

c) $5 \cdot (12 \cdot 9 - 38) - (123 - 67) : 7 =$

d) $25 - [63 : 7 - (100 - 8 \cdot 12)] + 3 \cdot 6 =$

Resp: **21** a) 20 ua b) 15 ua c) 24 ua d) 24 ua e) 18 ua^2 f) 9 ua **22** a) 21 ua b) 24 ua c) 30 ua d) 30 ua e) 21 ua f) 11 ua

25 e) $[(15 \cdot 12):(3 \cdot 6)]:[5 \cdot 9 - 280:(24 - 17)] =$

f) $(84 - 9 \cdot 8) \cdot \{24 - [23 - (54:9 + 6)]\} =$

g) $752:376 - \{[(8 + 18) \cdot 7]:13\}:\{91:[35 - (30 - 8)]\} =$

h) $9 \cdot [66 - (8 \cdot 7 + 4)] - \{81:[6:(18:9)] - 5\}:11 =$

25 i) $\{3078 - [90:(42:7)+3]\}:\{52-[(72:4):6-2]\}-3\cdot 4\cdot 5=$

---

j) $\{[69-(81:9-4)]:(96:12)-2\}-[94-(247-158)]=$

---

26 Resolva as seguintes expressões com números naturais.

Resolva na seguinte ordem:

1º) Os parênteses.

2º) Os colchetes.

3º) As chaves.

Não se esqueça: copie a expressão toda até chegar nos parênteses que serão resolvidos.

---

a) $(2+7)\cdot(15-6)-[9\cdot 8-(6\cdot 7+3):9]=$

$=$

Resp: **23** a) 49 cm² b) 40 cm c) 120 cm² d) 28 cm e) 288 cm² f) 140 cm² g) 32 cm h) 96 cm² i) 150 cm² **24** 50 cm ou 28 cm ou 22 cm ou 20 cm **25** a) 87 b) 70 c) 342 d) 38

26 b) $[(4 \cdot 3+5) \cdot 12-24]:[27-144:(75-9 \cdot 7)]-(54:6+2)=$

$=$

---

c) $(7 \cdot 6-40) \cdot \{(74-7 \cdot 9) \cdot 3-[(62:2+5):(5+56:8)-3]\}-(8 \cdot 6-81:3)=$

$=$

---

d) $\{138-(60-6 \cdot 8) \cdot [(42:7+94):(8 \cdot 7-6)+3]\}:13-[(230+520):(3+8 \cdot 9)]:5=$

$=$

POTENCIAÇÃO EM $\mathbb{N}$ (BREVE REVISÃO)

1 – Algumas generalizações

1) A soma de parcelas iguais é igual ao produto do número de parcelas pela parcela que se repete.

$\underbrace{7+7+7}_{21} = \underbrace{3 \cdot 7}_{21}$, $\underbrace{5+5+5+5+5+5}_{30} = \underbrace{6 \cdot 5}_{30}$

$8 + 8 + 8 + 8 + 8 = 5 \cdot 8$ Note que $8 + 8 + 8 + 8 + 8 = 40$ e $5 \cdot 8 = 40$

Da mesma forma, obtemos:

$\underbrace{6+6+6}_{\text{3 parcelas}} = 3 \cdot 6 = 18$ e $\underbrace{9+9+9+9+9}_{\text{5 parcelas}} = 5 \cdot 9 = 45$

Então, para qualquer número natural **a**, temos:

$a + a + a = 3 \cdot a = 3a$, $a + a + a + a = 4 \cdot a = 4a$, $a + a + a + a + a = 5 \cdot a = 5a$

$3a = 3 \cdot a$ = 3 vezes a = 3 vezes o número a = multiplicação de 3 por a.

Da mesma forma, para os números naturais b, c, n, x, y, ..., temos:

$b + b = 2b$, $c + c + c + c = 4c$, $n + n + n + n + n = 5n$, $x + x + x = 3x$

Usando a propriedade associativa para a adição fica fácil entender o significado de $3a + 2a$, $4a + a$, $3x + 7x$, etc

$a + a + a + a + a = 5a$ e $a + a + a + a + a = (a + a + a) + (a + a) = 3a + 2a$

Então: $3a + 2a = 5a$

$a + a + a + a = (a + a + a + a) + a = 4a + a = 5a$

Da mesma forma, obtemos:

$3x + 2x = 5x$, $5a + 2a = 7a$, $6a + 7a = 13a$, $5y + y = 6y$, $8n + n = 9n$.

2) O produto de fatores iguais pode ser representado de uma maneira que é chamado **potência**.

$\underbrace{2 \cdot 2 \cdot 2 \cdot 2 \cdot 2}_{\text{multiplicação}} = \underbrace{32}_{\text{produto}}$ $\underbrace{2 \cdot 2 \cdot 2 \cdot 2 \cdot 2}_{\text{5 fatores iguais}} = \underbrace{2^5}_{\text{potência}}$

O fator que se repete é chamado base da potência e o número de fatores é o expoente.

Potência $\left\{ 2^5 \right.$ ← expoente; 2 ← base $5 \cdot 5 \cdot 5 = 5^3$ ← expoente; 5 ← base

Da mesma forma, obtemos:

$2 \cdot 2 \cdot 2 = 2^3$, $5 \cdot 5 = 5^2$, $7 \cdot 7 = 7^2$, $3 \cdot 3 \cdot 3 \cdot 3 = 3^4$

Então, para qualquer número natural a, temos:

$a \cdot a = a^2$, $a \cdot a \cdot a = a^3$, $a \cdot a \cdot a \cdot a = a^4$, $a \cdot a \cdot a \cdot a \cdot a = a^5$, etc...

Resp: **25** e) 2 f) 156 g) 0 h) 52 i) 0 j) 1 **26** a) 14

$$\underbrace{3 \cdot 3 \cdot 3 \cdot 3 \cdot 3 \cdot 3}_{6 \text{ fatores } 3} = \underbrace{3^6}_{\text{potência}}$$

Potência $\left\{ 3^6 \right.$ ← expoente, ← base

Leitura

3^6 = três à sexta = sexta potência de três

5^2 = segunda potência de 5 = cinco ao quadrado = quadrado de 6

5^3 = terceira potência de 5 = cinco ao cubo = cubo de 5.

5^4 = quarta potência de 5, 7^6 = sexta potência de 7, etc

Note que a **segunda** e a **terceira** potência de qualquer número podem ser lidas de outras forma:

> a^2 = a ao quadrado = quadrado de a
>
> a^3 = a ao cubo = cubo de a

2 – Definições:

1) Qualquer potência de base diferente de zero e expoente zero é igual a 1:

$$a \neq 0 \Rightarrow a^0 = 1$$

Exemplos: $2^0 = 1$, $3^0 = 1$, $1^0 = 1$, $7^0 = 1$, $23^0 = 1$, etc...

2) Qualquer potência de expoente 1 é igual à base: $a^1 = a$

Exemplos: $2^1 = 2$, $5^1 = 5$, $0^1 = 0$, $23^1 = 1$, etc

3) O produto de fatores iguais é indicado na forma de potência

$$\underbrace{a \cdot a \ldots a}_{n \text{ fatores}} = a^n$$

Exemplos: $3 \cdot 3 = 3^2$, $5 \cdot 5 \cdot 5 = 5^3$, $6 \cdot 6 \cdot 6 \cdot 6 \cdot 6 = 6^5$, etc

Para determinar o resultado de uma potência a transformamos em um produto de fatores iguais e efetuamos a multiplicação.

Exemplos: $12^2 = 12 \cdot 12 = 144$, $50^2 = 50 \cdot 50 = 2500$

27 Em cada caso é dada uma potência. Dizer quem é base e quem é o expoente.

a) $5^3 \Rightarrow$ base = , expoente =	b) $6^2 \Rightarrow$ base = , expoente =
c) $3^0 \Rightarrow$ base = , expoente =	d) $5^1 \Rightarrow$ base = , expoente =
e) $13^5 \Rightarrow$ base = , expoente =	f) $7 \Rightarrow$ base = , expoente =

28 Escrever como se lê as seguintes potências:

a) 5^4 =

b) 7^2 =

c) 9^3 =

29 Escrever como produto as seguintes somas:

a) 5 + 5 + 5 =	b) 6 + 6 + 6 + 6 =	c) 7 + 7 + 7 + 7 + 7 =
d) 23 + 23 =	e) a + a + a + a =	f) n + n + n + n + n =
g) 1 + 1 + 1 + 1 + 1 =	h) 0 + 0 + 0 + 0 =	i) x + x + x + x + x =

30 Escrever na forma de potência os seguintes produtos:

a) 5 · 5 · 5 · 5 =	b) 6 · 6 · 6 · 6 · 6 =	c) 2 · 2 · 2 =
d) 3 · 3 =	e) a · a · a · a · a =	f) 1 · 1 · 1 · 1 · 1 · 1 =
g) 0 · 0 · 0 · 0 · 0 =	h) n · n · n · n =	i) x · x · x · x · x · x =

31 Escrever na forma de potência ou na forma de produto de potências, conforme for o caso:

a) 3 + 3 + 3 + 3 =	b) 3 · 3 · 3 · 3 =	c) 4 + 4 + 4 + 4 + 4 =
d) 8 + 8 =	e) 8 · 8 =	f) 9 · 9 · 9 · 9 · 9 =
g) 13 + 13 + 13 + 13 =	h) a + a + a + a + a =	i) n · n · n · n · n · n =
j) x + x + x + x + x =	k) y · y · y · y =	l) a · n · a · n · a · n =
m) 2 · 2 · 3 · 3 · 3 · 2 · 2 =	n) 5 · 5 · 7 · 7 · 7 · 7 · 7 · 5=	o) x · x · x · y · y · y · x · x =

32 Escrever as seguintes potências na forma de produto

a) 5^4 =	b) 7^5 =
c) 2^3 =	d) 5^2 =
e) 9^5 =	f) 7^3 =
g) 1^6 =	h) 0^4 =

Resp: **26** b) 1 c) 45 d) 4

33 Pensando na definição e fazendo as multiplicações mentalmente, escrever o resultado das seguintes potências:

a) $7^1 =$	$7^0 =$	$8^1 =$	$8^0 =$
b) $0^1 =$	$0^2 =$	$0^3 =$	$0^{23} =$
c) $1^2 =$	$1^3 =$	$1^9 =$	$1^{37} =$
d) $9^0 =$	$9^1 =$	$13^0 =$	$13^1 =$
e) $3^2 =$	$4^2 =$	$5^2 =$	$6^2 =$
f) $7^2 =$	$8^2 =$	$9^2 =$	$10^2 =$

34 Escrever o resultado das seguintes potências: (não é necessário rascunho).

a) $5^2 =$	$50^2 =$	$6^2 =$
b) $60^2 =$	$4^2 =$	$40^2 =$
c) $3^2 =$	$30^2 =$	$2^2 =$
d) $20^2 =$	$7^2 =$	$70^2 =$
e) $8^2 =$	$80^2 =$	$9^2 =$
f) $90^2 =$	$1^2 =$	$10^2 =$
g) $10^3 =$	$10^4 =$	$10^5 =$
h) $2^3 =$	$20^3 =$	$3^3 =$
i) $30^3 =$	$4^3 =$	$40^3 =$
j) $5^3 =$	$50^3 =$	$6^3 =$
k) $60^3 =$	$2^4 =$	$20^4 =$

Expressões com potências

Para simplificarmos uma expressão aritmética que contém potências, efetuamos primeiramente as potências. Caso a base seja uma expressão, simplificamos esta expressão e depois a potência obtida.

Exemplos:

1)	2)	3)
$2 \cdot 5^2 - 3 \cdot 2^3 =$	$3 \cdot (5-1)^2 - (2^2-1)^2 =$	$(7-3)^2 : (3 \cdot 2^3 - 2^4) =$
$= 2 \cdot 25 - 3 \cdot 8 =$	$= 3 \cdot 4^2 - (4-1)^2 =$	$= 4^2 : (3 \cdot 8 - 16) =$
$= 50 - 24 =$	$= 3 \cdot 16 - 3^2 =$	$= 16 : (24 - 16) =$
$= 26$	$= 48 - 9 = 39$	$= 16 : 8 = 2$

35 Simplificar as seguintes expressões:

a) $5^2 - 4^2 =$	$(5-4)^2 =$	$7^2 - 6^2 =$	$(7-6)^2 =$
b) $7^2 - 3^2 =$	$(7-3)^2 =$	$(9-4)^2 =$	$9^2 - 4^2 =$
c) $4^2 + 3^2 =$	$(4+3)^2 =$	$(5+4)^2 =$	$5^2 + 4^2 =$

d) $2 \cdot 3^2 - 3 \cdot 2^2 =$

e) $4(7-2)^2 + 3^2(4^2 - 3^2) =$

f) $(6-2)^3 + (5-2)^2 + 5^2 - 2^2 =$

g) $5^0 \cdot 6^1 + 3 \cdot 5^2 - 2 \cdot 2^5$

h) $3^4 - 4^3 + 7(27-8)^0 - 1^{23} =$

i) $(27+4)^0 + 2^2(7^2 - 2^2) - (7-2)^2 =$

Desafio

j) $3 \cdot 5^2 - [2^3 + 5^2 : (3^2 + 4^2)] : (5^2 - 4^2) =$

Desafio

k) $4(2^4 - 4^2) + 3^4 : [(5-3)^2 + 5^2 - 3^2 + 7 \cdot 3^0] =$

Resp: **27** a) 5; 3 b) 6; 2 c) 3; 0 d) 5; 1 e) 13; 5 f) 7; 1 **28** a) quarta potência de cinco (ou cinco à quarta) b) quadrado de sete (ou sete ao quadrado) c) cubo de nove (ou nove ao cubo) **29** a) $3 \cdot 5$ b) $4 \cdot 6$ c) $5 \cdot 7$ d) $2 \cdot 23$ e) 4a f) 5n g) $5 \cdot 1$ h) $4 \cdot 0$ i) 5x **30** a) 5^4 b) 6^5 c) 2^3 d) 3^2 e) a^5 f) 1^6 g) 0^5 h) n^4 i) x^6 **31** a) $4 \cdot 3$ b) 3^4 c) $5 \cdot 4$ d) $2 \cdot 8$ e) 8^2 f) 9^5 g) $4 \cdot 13$ h) $5 \cdot a$ i) n^6 j) 5x k) y^4 l) $a^3 \cdot n^3$ m) $2^4 \cdot 3^3$ n) $5^3 \cdot 7^5$ o) $x^5 \cdot y^3$ **32** a) $5 \cdot 5 \cdot 5 \cdot 5$ b) $7 \cdot 7 \cdot 7 \cdot 7 \cdot 7$ c) $2 \cdot 2 \cdot 2$ d) $5 \cdot 5$ e) $9 \cdot 9 \cdot 9 \cdot 9 \cdot 9$ f) $7 \cdot 7 \cdot 7$ g) $1 \cdot 1 \cdot 1 \cdot 1 \cdot 1 \cdot 1$ h) $0 \cdot 0 \cdot 0 \cdot 0$

RADICIAÇÃO EM $\mathbb{N}$

Sabemos que $2^3 = 8$, $2^5 = 32$ e 72 = 49.

Observar as perguntas e respostas:

1) Qual é o número natural que ao cubo dá 8? Resp: 2 (Note que $2^3 = 8$)

Um outro modo de fazermos esta pergunta é:

Qual é a raiz cúbica de 8? Escrevemos: $\sqrt[3]{8} = 2$, pois $2^3 = 8$

2) Qual é o número natural cuja quinta potência dá 32? Resp: 2. (Note que $2^5 = 32$)

Qual é a raiz quinta de 32? Escrevemos: $\sqrt[5]{32} = 2$, pois $2^5 = 32$

3) Qual é o número natural que ao quadrado dá 49? Resp: 7 (Note que $7^2 = 49$)

Qual é a raiz quadrada de 49? Escrevemos: $\sqrt[2]{49} = 7$, pois $7^2 = 49$.

Definição:

Se a, b e n são números naturais com n diferente de zero $(n \in \mathbb{N}^*)$, temos:

$$a^n = b \Leftrightarrow \sqrt[n]{b} = a$$

índice → $\sqrt[n]{b} = a$ ← raiz enésima de **b**
radical
radicando

$\sqrt[n]{b}$ = raiz enésima de b, b = radicando, n = índice da raiz ou do radical, $\sqrt{}$ = radical

Obs.: 1) $\sqrt[1]{a} = a$, qualquer que seja o número natural a

2) $\sqrt[2]{a} = \sqrt{a}$. Omitimos o índice 2. Quando não aparece o índice, é para considerar índice 2 (raiz quadrada).

3) Note que $3^2 = 9$ e $4^2 = 16$. Isto significa que não existe número natural cujo quadrado seja 10, 11, 12, 13, 14 e 15. Isto é:

$\sqrt{10}, \sqrt{11}, \sqrt{12}, \sqrt{13}, \sqrt{14}, \sqrt{15}$ não são números naturais.

Da mesma forma, não são números naturais os números $\sqrt{30}, \sqrt[3]{23}, \sqrt[4]{71}$, etc...
Estes números são chamados irracionais e serão estudados posteriormente. Exemplos de raízes que são números naturais:

$\sqrt[2]{36} = \sqrt{36} = 6,\quad \sqrt[2]{9} = 3,\quad \sqrt{25} = 5,\quad \sqrt{144} = 12$

$\sqrt[3]{8} = 2,\quad \sqrt[3]{27} = 3,\quad \sqrt[3]{125} = 5,\quad \sqrt[4]{16} = 2,\quad \sqrt[4]{81} = 3,\quad \sqrt[5]{32} = 2$, etc...

Para simplificarmos as expressões, por enquanto com todas as raízes sendo números naturais, vamos usar as duas seguintes consequências da definição:

I) $\left[a^n = b \Leftrightarrow \sqrt[n]{b} = a\right] \Rightarrow \sqrt[n]{a^n} = a.$

Então: $\sqrt[6]{2^6} = 2,\quad \sqrt[7]{5^7} = 5,\quad \sqrt[3]{4^3} = 4,\quad \sqrt{6^2} = 6,\quad \sqrt[5]{a^5} = a$, etc...

II) $\left[(a^m)^n = b \Leftrightarrow \sqrt[n]{b} = a^m\right] \Rightarrow \sqrt[n]{(a^m)^n} = a^m \Rightarrow \sqrt[n]{a^{mn}} = a^m.$

Então: $\sqrt[5]{2^{10}} = 2^2,\quad \sqrt[7]{5^{21}} = 5^3,\quad \sqrt[3]{4^{15}} = 4^5,\quad \sqrt{3^{10}} = 3^5,\quad \sqrt[6]{a^{30}} = a^5$

Exemplo: Simplificar as seguintes expressões:
Simplificamos os radicandos e depois determinamos as raízes.

1) $\sqrt{4^2+3^2} = \sqrt{16+9} = \sqrt{25} = 5$ 2) $\sqrt{4^2} + \sqrt{3^2} = 4+3 = 7$

3) $\sqrt{10^2-6^2} = \sqrt{100-36} = \sqrt{64} = 8$ 4) $\sqrt{10^2} - \sqrt{6^2} = 10-6 = 4$

5) $\sqrt[5]{5^2+3^2-2} = \sqrt[5]{25+9-2} = \sqrt[5]{32} = \sqrt[5]{2^5} = 2$

6) $\sqrt[3]{10^2+5^2} = \sqrt[3]{100+25} = \sqrt[3]{5^3} = 5$

7) $\sqrt[3]{2\cdot 10^2+8\sqrt[3]{2^2+3^2-5}} = \sqrt[3]{2\cdot 100+8\sqrt[3]{4+9-5}} = \sqrt[3]{200+8\sqrt[3]{8}} = \sqrt[3]{200+16} = \sqrt[3]{216} = 6$

36 Determinar as seguintes raízes

a) $5^4 = 625 \Rightarrow \sqrt[4]{625} =$	$6^3 = 216 \Rightarrow \sqrt[3]{216} =$	$7^3 = 243 \Rightarrow \sqrt[3]{343} =$
b) $3^5 = 243 \Rightarrow \sqrt[5]{243} =$	$6^4 = 1296 \Rightarrow \sqrt[4]{1296} =$	$2^7 = 128 \Rightarrow \sqrt[7]{128} =$
c) $4^3 = 64 \Rightarrow \sqrt[3]{64} =$	$8^2 = 64 \Rightarrow \sqrt{64} =$	$9^3 = 729 \Rightarrow \sqrt[3]{729} =$

37 Determinar as raízes seguintes. Observar, se necessário, as potências dadas

$2^4 = 16$, $2^5 = 32$, $2^6 = 64$, $2^7 = 128$, $2^8 = 256$, $2^9 = 512$, $2^{10} = 1024$, $3^3 = 27$, $3^4 = 81$, $3^5 = 243$, $3^6 = 729$, $4^3 = 64$, $4^4 = 256$, $5^3 = 125$, $5^4 = 625$, $6^3 = 216$, $6^4 = 1296$, $7^3 = 343$, $16^2 = 256$, $17^2 = 289$, $18^2 = 324$, $19^2 = 361$

a) $\sqrt{16} =$	$\sqrt{64} =$	$\sqrt{36} =$	$\sqrt{25} =$	$\sqrt{49} =$
b) $\sqrt{64} =$	$\sqrt{81} =$	$\sqrt{121} =$	$\sqrt{169} =$	$\sqrt{144} =$
c) $\sqrt{196} =$	$\sqrt[3]{8} =$	$\sqrt[4]{16} =$	$\sqrt[3]{27} =$	$\sqrt[4]{81} =$
d) $\sqrt[5]{32} =$	$\sqrt[5]{243} =$	$\sqrt[3]{343} =$	$\sqrt[4]{625} =$	$\sqrt[6]{64} =$
e) $\sqrt[3]{64} =$	$\sqrt[4]{1296} =$	$\sqrt{256} =$	$\sqrt{289} =$	$\sqrt{324} =$
f) $\sqrt{361} =$	$\sqrt[3]{216} =$	$\sqrt[8]{256} =$	$\sqrt[9]{512} =$	$\sqrt[10]{1024} =$

38 Determinar as seguintes raízes:

a) $\sqrt[5]{1} =$	$\sqrt[7]{0} =$	$\sqrt[8]{1} =$	$\sqrt[19]{0} =$	$\sqrt{100} =$
b) $\sqrt[3]{1000} =$	$\sqrt[4]{10000} =$	$\sqrt{25} =$	$\sqrt{2500} =$	$\sqrt{49} =$
c) $\sqrt{4900} =$	$\sqrt{1600} =$	$\sqrt{3600} =$	$\sqrt{900} =$	$\sqrt{6400} =$
d) $\sqrt{8100} =$	$\sqrt{10000} =$	$\sqrt{12100} =$	$\sqrt{14400} =$	$\sqrt{22500} =$
e) $\sqrt{19600} =$	$\sqrt{16900} =$	$\sqrt{32400} =$	$\sqrt{28900} =$	$\sqrt{25600} =$
f) $\sqrt[3]{8} =$	$\sqrt[3]{8000} =$	$\sqrt[3]{27} =$	$\sqrt[3]{27000} =$	$\sqrt[3]{64} =$
g) $\sqrt[3]{64000} =$	$\sqrt[4]{16} =$	$\sqrt[4]{160000} =$	$\sqrt[4]{81} =$	$\sqrt[4]{810000} =$

Resp:
33 a) 7; 1; 8; 1 b) 0; 0; 0; 0 c) 1; 1; 1; 1 d) 1; 9; 1; 13 e) 9; 16; 25; 36 f) 49; 64; 81; 100
34 a) 25; 2500; 36 b) 3600; 16; 1600 c) 9; 900; 4 d) 400; 49;4900 e) 64; 6400; 81 f) 8100; 1; 100 g) 1000; 10000; 100000 h) 8; 8000; 27 i) 27000; 64; 64000 j) 125; 125000; 216 k) 216000; 16; 160000
35 a) 9; 1; 13; 1 b) 40; 16; 25; 65 c) 25; 49; 81; 41 d) 6 e) 163 f) 94 g) 17 h) 23 i) 156 j) 74 k) 3

Quadrados Perfeitos

São números naturais cujas raízes quadradas são, também, números naturais.

Exemplos de números quadrados perfeitos.

4 pois $\sqrt{4} = \sqrt{2^2} = 2$

9 pois $\sqrt{9} = \sqrt{3^2} = 3$

$\mathbf{a^2}$ pois $\sqrt{a^2} = a \qquad (a \in \mathbb{N})$

36 pois $\sqrt{36} = \sqrt{2^2 \cdot 3^2} = 2 \cdot 3 = 6$

6 **não é quadrado pefeito** pois não existe número natural que elevado ao quadrado resulte 6.

É fácil perceber - se que na decomposição em fatores primos de um " quadrado perfeito", todos os expoentes são pares.

---

39 Determine as raízes quadradas dos seguintes quadrados perfeitos pelo "método da decomposição em fatores primos". Observe o exemplo resolvido:

$\sqrt{144} = 12$

Justificativa

$\sqrt{144} = \sqrt{2^2 \cdot 2^2 \cdot 3^2} = 2 \cdot 2 \cdot 3 = 12$

$$\begin{array}{r|l} 144 & 2 \\ 72 & 2 \\ 36 & 2 \\ 18 & 2 \\ 9 & 3 \\ 3 & 3 \\ 1 & \end{array} \quad \begin{array}{l} \searrow \\ 2 \\ \searrow \\ 2 \\ \searrow \\ 3 \end{array}$$

$\sqrt{144} = 2 \cdot 2 \cdot 3$

Resposta: $\sqrt{144} = 2 \cdot 2 \cdot 3 = 12$

Um contra exemplo:

$\sqrt{72} = ?$ não tem raiz quadrada em $\mathbb{N}$. Observe:

$\sqrt{72} = \sqrt{2^2 \cdot 2^1 \cdot 3^2} = \sqrt{2^2} \cdot \sqrt{2^1} \cdot \sqrt{3^2} = 2 \cdot \sqrt{2} \cdot 3$

expoente ímpar (em 2^1) — não é número natural (em $\sqrt{2}$)

39 a) $\sqrt{400} =$

400 |

b) $\sqrt{1764} =$

c) $\sqrt{3600} =$

d) $\sqrt{1296} =$

e) $\sqrt{900} =$

Desafio

f) $\sqrt{1,44} = \sqrt{\dfrac{144}{100}} = \dfrac{\sqrt{144}}{\sqrt{100}} =$

Resp: **36** a) 5; 6; 7 b) 3; 6; 2 c) 4; 8; 9 d) 2; 3; 7; 5; 2 e) 4; 6; 16; 17; 18 **37** a) 4; 8; 6; 5; 7 b) 8; 9; 11; 13; 12 c) 14; 2; 2; 3; 3 f) 19; 6; 2; 2; 2 **38** a) 1; 0; 1; 0; 10 b) 10; 10; 5; 50; 7 c) 70; 40; 60; 30; 80 d) 90; 100; 110; 120; 150 e) 140; 130; 180; 170; 160 f) 2; 20; 3; 30; 4 g) 40; 2; 20; 3; 30

40 Calcule os seguintes quadrados e cubos de números racionais:

a) $2^3 =$	b) $11^2 =$	c) $3^3 =$	d) $13^2 =$
e) $14^2 =$	f) $12^2 =$	g) $4^3 =$	h) $5^3 =$
i) $10^3 =$	j) $6^3 =$	k) $15^2 =$	l) $7^3 =$
m) $8^3 =$	n) $9^3 =$		

41 Observe: $\sqrt[3]{a}$ = raíz cúbica de **a** (para $a \geqslant 0$)

Definição: $\sqrt[3]{a} = b \Leftrightarrow b^3 = a$

Observando os resultados do exercício 21, calcule as seguintes raízes cúbicas:

a) $\sqrt[3]{27} =$	b) $\sqrt[3]{1} =$	c) $\sqrt[3]{8} =$
d) $\sqrt[3]{0} =$	e) $\sqrt[3]{125} =$	f) $\sqrt[3]{1000} =$

42 **Observando os resultados do exercício 21,** calcule:

a) $\sqrt{144} =$	b) $\sqrt{169} =$	c) $\sqrt[3]{64} =$	d) $\sqrt{121} =$
e) $\sqrt[3]{343} =$	f) $\sqrt[3]{729} =$	g) $\sqrt{225} =$	h) $\sqrt[3]{512} =$
i) $\sqrt{400} =$	j) $\sqrt{289} =$		

43 Resolva as seguintes expressões aritméticas com potências e raízes.

a) $3^3 \cdot 6 + 4^2 - 10^2 : 2 =$

---

b) $(\sqrt{4 \cdot 8 + 17} - \sqrt{81} : 3) : 2^2 =$

---

c) $(80 : 2 + 7 \cdot \sqrt{25}) : (23 - 72 : 3^2) =$

Resp: **39** a) 20 b) 42 c) 60 d) 36 e) 30 f) $\frac{12}{10} = 1,2$

43 d) $[14 \cdot 5 - (9^2 - 4^2 \cdot 5) \cdot (\sqrt{64} + 10 : 5)] : \sqrt{1 + 13 \cdot 11} =$

---

e) $240 - (3^2 \cdot 2 + \sqrt{36} \cdot 17) - [32 - 58 : (2^3 \cdot 8 - 5 \cdot \sqrt{49})] \cdot (5^0 + 21 : 7) =$

43 f) $[\,12^2 + 23 + (3 + 2 \cdot 5) \cdot \sqrt{169}\,] : [\,2 \cdot 5^2 - 38 : (21 - 18 : 9)\,] =$

---

g) $\{\,5^3 + 3 \cdot [\,\sqrt{144} - (12 - 2 \cdot 5)\,] - (63 : 9 - 2)\,\} : (\sqrt[3]{8} + 8 \cdot 9 + 3^0) =$

Resp: 40 a) 8 b) 121 c) 27 d) 169 e) 196 f) 144 g) 64 h) 125 i) 1000 j) 216 k) 225 l) 343 m) 512 n) 729 **41** a) 3 b) 1 c) 2 d) 0 e) 5 f) 10 **42** a) 12 b) 13 c) 4 d) 11 e) 7 f) 9 g) 15 h) 8 i) 20 j) 17 **43** a) 128 b) 1 c) 5

OPERAÇÕES NO CONJUNTO DOS NÚMEROS RACIONAIS NÃO NEGATIVOS (Q_+)

Frações decimais e números decimais

1) Introdução

Frações decimais são as frações com numerador e denominador sendo números naturais, denominador diferente de 1 e potência de 10 com expoente natural.

Potências de 10: $10^0 = 1$, $10^1 = 10$, $10^2 = 100$, $10^3 = 1000$, $10^4 = 10\,000$, etc

Exemplos de frações decimais:

$\frac{3}{10}$, $\frac{5}{10}$, $\frac{13}{100}$, $\frac{5}{1000}$, $\frac{131}{10\,000}$, etc

Números decimais: Toda fração decimal pode ser escrita na forma de número decimal. Para isto utilizamos uma vírgula, de modo que à esquerda da vírgula colocamos as unidades, dezenas, etc. e à direita colocamos os décimos, centésimos, milésimos, etc.

...	☐	☐	☐ ,	☐	☐	☐	...
	centenas	dezenas	unidades	décimos	centésimos	milésimos	

Depois dos milésimos vêm décimos de milésimos, os centésimos de milésimos, etc.

Leitura de um número decimal. Exemplos:

1) 0,7 sete décimos, 0,07 sete centésimos, 0,007 sete milésimos
2) 0,0007 sete décimos de milésimos.
3) 0,23 dois décimos e três centésimos. É melhor: vinte e três centésimos.
4) 0,023 dois centésimos e três milésimos. É melhor: vinte e três milésimos.
5) 1,375 um inteiro, três décimos, sete centésimos e cinco milésimos.
6) 37,42 três dezenas, sete inteiros, quatro décimos e dois centésimos.
7) 5,6 cinco inteiros e seis décimos ou cinquenta e seis décimos.

   Este segundo modo é usado mais para fração decimal $\frac{56}{10}$.

Transformação de fração decimal em número decimal

Escrevemos o numerador e o expoente de 10 do denominador (número de zeros) deve ser o número de casas depois da vírgula.

Exemplos:

1) $\frac{378}{10} = 37{,}8$ $\quad \frac{378}{100} = 3{,}78$ $\quad \frac{378}{1000} = 0{,}378$ $\quad \frac{378}{10\,000} = 0{,}0378$

2) $\frac{7}{100} = 0{,}07$ $\quad \frac{7}{10} = 0{,}7$ $\quad \frac{8}{1000} = 0{,}008$ $\quad \frac{174}{10} = 17{,}4$

3) $\frac{18}{1000} = 0{,}018$ $\quad \frac{1741}{10} = 174{,}1$ $\quad \frac{73}{100\,000} = 0{,}00073$

Transformação de número decimal em fração decimal

No numerador colocamos o número dado sem a vírgula e no denominador colocamos 10, 100, 1000, etc, conforme haja, respectivamente, 1, 2 ou 3 "casas" depois da vírgula.

Exemplos:

1) $17,8 = \frac{178}{10}$, $1,78 = \frac{178}{100}$ $0,0178 = \frac{178}{10\,000}$

2) $0,005 = \frac{5}{1000}$, $1,03 = \frac{103}{100}$ $0,0402 = \frac{402}{10\,000}$

44 Se for fração decimal, classificar com (S) e se não for, com (N), a fração, nos casos

a) $\frac{5}{3}$ ( )	b) $\frac{3}{5}$ ( )	c) $\frac{7}{10}$ ( )	d) $\frac{8}{1000}$ ( )
e) $\frac{5}{10^4}$ ( )	f) $\frac{3}{10^5}$ ( )	g) $\frac{8}{15}$ ( )	h) $\frac{17}{10}$ ( )

45 Apenas fração na forma irredutível, cujo denominador tenha apenas fatores 2 e 5 pode ser transformada em fração decimal. Para isto basta multiplicar o denominador por 2, 4, 8, 5, 25, 125, etc, conforme for o caso. Transformar em fração decimal a fração dada, nos casos:

a) $\frac{2}{5} =$	b) $\frac{3}{2} =$	c) $\frac{3}{20} =$
d) $\frac{7}{25} =$	e) $\frac{3}{4} =$	f) $\frac{7}{125} =$

g) $\frac{36}{45} =$	h) $\frac{17}{34} =$
i) $\frac{49}{140} =$	j) $\frac{30}{375} =$

46 Considerar o número 3756,8942 e completar:

a) ______ é o algarismo da ordem das centenas

b) ______ é o algarismo da ordem dos centésimos

c) ______ é o algarismo da ordem das unidades de milhares

d) ______ é o algarismo da ordem das unidades

e) ______ é o algarismo da ordem dos décimos

f) ______ é o algarismo da ordem das dezenas

g) ______ é o algarismo da ordem dos milésimos

h) ______ é o algarismo da ordem dos décimos de milésimos

Resp: **43** d) 5 e) 0 f) 7 g) 2

47 Em cada caso é dado um número, dizer qual é a ordem do algarismo grifado.

a) $5{,}7\underline{4}2$

b) $7{,}12\underline{4}$

c) $2\underline{3}5{,}2$

d) $3{,}\underline{4}51$

e) $712{,}1\underline{9}$

f) $13{,}285\underline{7}$

g) $\underline{2}00{,}31$

h) $0{,}00\underline{0}5$

48 Escrever como se lê os seguintes números decimais:

a) 0,5

b) 0,05

c) 0,009

d) 0,45

e) 1,3

f) 3,02

g) 0,348

h) 3,4219

i) 0,00325

49 Escrever na forma de número decimal os seguintes números:

a) 35 centésimos:

b) 2 inteiros e 3 décimos:

d) 513 milésimos

d) 35 milésimos:

e) 2 inteiros e 5 décimos de milésimos:

f) 12 inteiros e 3437 milionésimo:

g) 13 décimos de milionésimos:

50 Transformar em números decimais as seguintes frações decimais:

a) $\frac{7}{10} =$	b) $\frac{23}{10} =$	c) $\frac{23}{100} =$
d) $\frac{17}{10}$	e) $\frac{431}{1000} =$	f) $\frac{243}{10000} =$
g) $\frac{17}{100} =$	h) $\frac{17}{1000} =$	i) $\frac{17}{10000} =$
j) $\frac{3}{1000} =$	k) $\frac{113}{10} =$	l) $\frac{113}{100} =$

51 Transformar em fração decimal e, em seguida, em número decimal:

a) $\frac{3}{5} =$	b) $\frac{18}{25} =$
c) $\frac{13}{20} =$	d) $\frac{3}{4} =$
e) $\frac{3}{125} =$	f) $\frac{3}{8} =$

52 Transformar em fração decimal e, em seguida, em número decimal:

a) $\frac{51}{34} =$	b) $\frac{24}{40} =$
c) $\frac{65}{52} =$	d) $\frac{17}{340} =$
e) $\frac{18}{225} =$	f) $\frac{21}{875} =$

53 Transformar em fração decimal o número decimal dado, nos casos:

a) 0,31 =	b) 0,07 =	c) 0,315 =
d) 0,3 =	e) 1,32 =	f) 2,345 =

54 Transformar em fração decimal e, em seguida, simplificar os números decimais:

a) 0,25 =	b) 0,75 =
c) 0,125 =	d) 0,52 =
e) 0,028 =	f) 0,025 =
g) 1,250 =	h) 1,2500 =

Resp:

44	a) N	b) N	c) S	d) S	e) S	f) S	g) N	h) S		
45	a) $\frac{4}{10}$	b) $\frac{15}{10}$	c) $\frac{15}{100}$	d) $\frac{28}{100}$	e) $\frac{75}{100}$	f) $\frac{56}{1000}$	g) $\frac{8}{10}$	h) $\frac{5}{10}$	i) $\frac{35}{100}$	j) $\frac{8}{100}$
46	a) 7	b) 9	c) 3	d) 6	e) 8	f) 5	g) 4	h) 2		

55 Completar com < (menor) ,> (maior) ou = (igual), para obter uma sentença verdadeira, nos casos:

a) 2,413 _____ 24,03	b) 2,317 _____ 2,327	c) 1,348 _____ 1,438
d) 2,340 _____ 2,3400	e) 1,100 _____ 1,10000	f) 31,23 _____ 3,213
g) 4,003 _____ 4,0003	h) 3,141 _____ 3,1416	i) 70,004 _____ 7,4000
j) 0,0413 _____ 0,0431	k) 0,041 _____ 0,0410	l) 0,0003 _____ 0,0002

56 Transformar em fração ordinária, irredutível, as seguintes porcentagens:

a) 50% =	b) 20% =	c) 15% =
d) 75% =	e) 35% =	f) 125% =

57 Transformar em número decimal as porcentagens seguintes:

a) 35% =	b) 40% =	c) 7% =
d) 126% =	e) 2% =	f) 112% =

58 Transformar os seguintes números decimais em porcentagens:

a) 0,25 =	b) 0,4 =	c) 0,05 =
d) 1,35 =	e) 0,01 =	f) 0,07 =

59 Transformar o número misto dado em fração imprópria, nos casos:

Exemplos: 1) $2\frac{1}{3} = 2 + \frac{1}{3} = \frac{6+1}{3} = \frac{7}{3}$ 2) $3\frac{2}{5} = \frac{15+2}{5} = \frac{17}{5}$ 3) $5\frac{2}{3} = \frac{17}{3}$

$5\frac{2}{3} =$	$3\frac{5}{7} =$	$2\frac{1}{5} =$	$3\frac{2}{5} =$

60 Transformar as seguintes frações impróprias em número misto:

Exemplos:

1) $\left.\frac{17}{5}\right\}$ $\left.\begin{array}{ll} 17 & \underline{|5} \\ 2 & 3 \end{array}\right\} \Longrightarrow \frac{17}{5} = 3\frac{2}{5}$ 2) $\frac{23}{5} = \frac{20+3}{5} = \frac{20}{5} + \frac{3}{5} = 4 + \frac{3}{5} = 4\frac{3}{5}$

$\frac{16}{7} =$	$\frac{22}{5} =$	$\frac{19}{5} =$	$\frac{19}{6} =$

OPERAÇÕES COM NÚMEROS DECIMAIS

Multiplicação por 10, 100, 1000, ...

Deslocar a vírgula uma casa, duas casas, três casas, . . . para a direita conforme o número for multiplicado, respectivamente, por 10, 100, 1000, etc.

Exemplos:

1) $1,34 \cdot 10 = \frac{134}{100} \cdot 10 = \frac{134}{10} = 13,4$

2) $0,5731 \cdot 100 = 57,31$; $0,0132 \cdot 1000 = 13,2$; $0,7 \cdot 100 = 70$

Divisão por 10, 100, 1000, . . .

Deslocar a vírgula uma casa, duas casas, três casas, . . . para a esquerda conforme o número for dividido, respectivamente, por 10, 100, 1000, etc.

Exemplos:

1) $32,4 : 10 = \frac{324}{10} \cdot \frac{1}{10} = \frac{324}{100} = 3,24$

2) $342,3 : 100 = 3,423$; $0,3 : 10 = 0,03$; $13,2 : 10000 = 0,00132$

61 Dê o resultado das seguintes multiplicações e divisões por potências de dez (efetue mentalmente):

a) $21,36 \cdot 10 =$	$21,36 \cdot 100 =$	$21,36 \cdot 1000 =$
b) $21,36 : 10 =$	$21,36 : 100 =$	$21,36 : 1000 =$

Resp: **47** a) dos centésimos b) dos milésimos c) das dezenas d) dos décimos e) dos centésimos f) dos décimos de milésimos g) das centenas h) dos milésimos **48** a) cinco décimos b) cinco centésimos c) nove milésimos d) quarenta e cinco centésimos e) um inteiro e três décimos f) três inteiros e dois centésimos g) Trezentos e quarenta e oito milésimos h) Três inteiros e quatro mil, duzentos e dezenove décimos de milésimos i) Trezentos e vinte e cinco centésimos de milésimos

49 a) 0,35 b) 2,3 c) 0,513 d) 0,035 e) 2,0005 f) 12,003437 g) 0,0000013

50 a) 0,7 b) 2,3 c) 0,23 d) 1,7 e) 0,431 f) 0,0243 g) 0,17 h) 0,017 i) 0,0017 j) 0,003 k) 11,3 l) 1,13 **51** a) 0,6 b) 0,72 c) 0,65 d) 0,75 e) 0,024 f) 0,375 **52** a) 1,5 b) 0,6 c) 1,25 d) 0,05 e) 0,08 f) 0,024

53 a) $\frac{31}{100}$ b) $\frac{7}{100}$ c) $\frac{315}{1000}$ d) $\frac{3}{10}$ e) $\frac{132}{100}$ f) $\frac{2345}{1000}$ **54** a) $\frac{1}{4}$ b) $\frac{3}{4}$ c) $\frac{1}{8}$ d) $\frac{13}{25}$ e) $\frac{7}{250}$ f) $\frac{1}{40}$ g) $\frac{5}{4}$ h) $\frac{5}{4}$

61 c) $0,037 \cdot 10 =$	$0,037 \cdot 100 =$	$0,037 \cdot 1000 =$
d) $0,037 \cdot 10000 =$	0,037 : 10 =	0,037 : 100 =
e) $406 \cdot 10 =$	$406 \cdot 100 =$	406 : 10 =
f) 406 : 100 =	406 : 1000 =	406 : 10000 =
g) $9500 \cdot 10 =$	9500 : 10 =	9500 : 100 =
h) 9500 : 1000 =	9500 : 10000 =	9500 : 100000 =

62 Primeiro "arme" (dispositivo prático) as seguintes operações e depois calcule seu resultado:

a) 21,83 + 3,497

$$\begin{array}{r} 21,830 \\ 3,497 \\ \hline \end{array} \; +$$

62 b) 12,25 – 6,148 =

$$\begin{array}{r} 12{,}250 \\ 6{,}148 \\ \hline \end{array} \; +$$

---

c) 0,985 + 2,05 + 13,4 =

$$\begin{array}{r} 0{,}985 \\ \hline \end{array} \; +$$

9,2 – 6,34

$$\begin{array}{r} \\ \hline \end{array} \; -$$

---

d) 3 – 0,7 =

2 – 0,68 =

---

e) $3{,}5 \cdot 1{,}2$
(Observe ao lado)

$$\begin{array}{r} 3{,}5 \\ 1{,}2 \\ \hline 70 \\ 350 \\ \hline 4{,}\underbrace{20} \end{array} \; \cdot$$

duas casas decimais

Resposta: 4,20 = 4,2 . Lembre-se: $\frac{20}{100} = \frac{2}{10}$

Resp: **55** a) < b) < c) < d) = e) = f) > g) > h) < i) > j) < k) = l) > **56** a) $\frac{1}{2}$ b) $\frac{1}{5}$ c) $\frac{3}{20}$ d) $\frac{3}{4}$ e) $\frac{7}{20}$ f) $\frac{5}{4}$ **57** a) 0,35 b) 0,4 c) 0,07 d) 1,26 e) 0,02 f) 1,12 **58** a) 25% b) 40% c) 5% d)135% e) 4% f) 70% **59** $\frac{17}{3}, \frac{26}{7}, \frac{11}{5}, \frac{17}{5}$ **60** $2\frac{2}{7}, 4\frac{2}{5}, 3\frac{4}{5}, 3\frac{1}{6}$ **61** a) 213,6; 213,6; 21360 b) 2,136; 0,2136; 0,02136

62 f) $7 \cdot 1{,}6 =$

$$\begin{array}{r} 1{,}6 \\ 7 \\ \hline \end{array} \Big\downarrow \cdot$$

$0{,}23 \cdot 200 =$

$$\begin{array}{r} 0{,}23 \\ 200 \\ \hline \end{array} \Big\downarrow \cdot$$

---

g) $0{,}15 \cdot 2{,}8 =$

$0{,}25 \cdot 5{,}42 =$

$$\begin{array}{r} 5{,}42 \\ 0{,}25 \\ \hline \end{array} \Big\downarrow \cdot$$

---

h) $0{,}75 \cdot 1{,}103 =$

$1{,}2 \cdot 6{,}12 =$

---

i) $0{,}82 \cdot 8{,}79 =$

$1{,}04 \cdot 35{,}00 =$

63 Determinar os resultados das seguintes expressões:

a) (2, 432 – 1,54) + (3,201 – 2,984)

b) (8,346 – 2,557) – (5,222 – 2,345)

c) (9,3 – 4,583) – (3,1 – 2,342)

64 Determinar o resultado das seguintes multiplicações:

a) $3,45 \times 2,5$

b) $2,03 \times 3,4$

c) $0,275 \times 2,4$

Resp: **61** c) 0,37; 3,7; 37 d) 370; 0,0037; 0,0037 e) 4060; 40600; 40,6 f) 4,06; 0,406; 0,0406 g) 95000; 950; 95 h) 9,5; 0,95; 0,095

62 a) 25,327 b) 6,102 c) $\begin{cases} 16,435 \\ 2,86 \end{cases}$ d) $\begin{cases} 2,3 \\ 1,32 \end{cases}$ e) $\{4,2 = 4,20$

65 Simplificar as seguintes expressões:

a) $(8,42 \times 1,5) - (0,27 \times 27,5)$

b) $7,6 \times 52,8 - 757,2 \times 0,48$

Divisão de dois naturais com resultado igual a decimal exato

Exemplos:

1) $125 \div 4$

```
125   | 4
 05     31,25
 10
  20
   0
```

2) $16 \div 25$

```
 16   | 25
160     0,64
 100
   0
```

66 Efetuar as seguintes divisões

a) $75 \div 2$

b) $9 \div 4$

c) $3 \div 4$

d) $7 \div 8$

e) $92 \div 25$

f) $13 \div 25$

g) $13 \div 16$

h) $3 \div 16$

i) $17 \div 16$

Divisão por um número natural

Multiplicamos o número decimal por uma potência conveniente de base 10 para obtermos um número inteiro. Dividimos este número inteiro pelo natural em questão e dividimos o resultado obtido pela potência de 10 multiplicada anteriormente.

Exemplos:

1) 5,85 ÷ 5

(585 ÷ 5) ÷ 100

```
585 | 5
08    117
 35
  0
```

117 ÷ 100 = **1,17**

2) 15,61 ÷ 7

(1561 ÷ 7) ÷ 100

```
1561 | 7
 16    223
  21
   0
```

223 ÷ 100 = **2,23**

67 Efetuar as seguintes divisões:

a) 17,15 ÷ 5

b) 319,2 ÷ 7

c) 137,5 ÷ 2

d) 7,27 ÷ 5

e) 34,7 ÷ 4

f) 18,69 ÷ 4

Resp: **62** f) $\begin{cases} 11,2 \\ 46 \end{cases}$ g) $\begin{cases} 0,42 \\ 1,355 \end{cases}$ h) $\begin{cases} 0,82725 \\ 7,344 \end{cases}$ i) $\begin{cases} 7,2078 \\ 36,4 = 36,40 \end{cases}$ **63** a) 0,892 + 0,217 = 1,109 b) 5,789 – 2,877 = 2,912 c) 4,717 – 0,758 = 3,959 **64** a) 8,625 b) 6,902 c) 0,66

Divisão

Multiplicamos o dividendo e o divisor por uma mesma potência de base 10, convenientemente escolhida, de modo que os produtos obtidos sejam naturais. Fazemos a divisão dos números obtidos, o resultado obtido é o resultado da divisão dada.

Obs: Este procedimento significa "igualar as casas depois da vírgula".

Exemplos:

$10{,}84 \div 0{,}5$

Multiplicando ambos por 100, obtemos: $1084 \div 50$
Basta agora efetuar esta divisão de 1084 por 50.

```
1084   |_50____
  84     21,68
  340
   400
     0
```

Outro modo: Multiplicando apenas por 10, caímos no caso da divisão de decimal por natural já vista:

$10{,}84 \div 0{,}5 = 108{,}4 \div 5 = (1084 \div 5) \div 10$

```
1084   |_5_____
 08     216,8
  34
   40
    0
```

$216{,}8 \div 10 = \boxed{21{,}68}$

68 Efetuar as seguintes divisões:

a) $4{,}37 \div 0{,}2$

b) $3{,}431 \div 0{,}05$

c) $1{,}652 \div 0{,}4$

d) $7{,}953 \div 1{,}1$

69 Efetuar:

a) $87,01 \div 0,07$	b) $2,916 \div 0,012$	c) $417,12 \div 0,11$

70 Escrever o resultado de:

a) $24 \div 8 =$	$2,4 \div 0,8 =$	$0,24 \div 0,08 =$
b) $72 \div 9 =$	$7,2 \div 0,9 =$	$0,072 \div 0,009 =$
c) $56 \div 8 =$	$0,56 \div 0,08 =$	$5,6 \div 0,8 =$
d) $63 \div 7 =$	$0,063 \div 0,007 =$	$0,63 \div 0,07 =$
e) $4,8 \div 0,6 =$	$0,35 \div 0,05 =$	$0,028 \div 0,004 =$
f) $5,4 \div 0,9 =$	$0,42 \div 0,06 =$	$0,81 \div 0,09 =$
g) $240 \div 3 =$	$24 \div 0,3 =$	$2,4 \div 0,03 =$
h) $630 \div 9 =$	$63 \div 0,9 =$	$6,3 \div 0,09 =$

71 Simplificar as seguintes expressões:

a) $(1,635 \div 0,4) - (2,1875 \div 0,7)$

Resp: **65** a) 12,63 – 7,425 = 5,205 b) 401,28 – 363,456 = 37,824

66 a) 37,5 b) 2,25 c) 0,75 d) 0,875 e) 3,68 f) 0,52 g) 0,8125 h) 0,1875 i) 1,0625

67 a) 3,43 b) 45,6 c) 68,75 d) 1,454 e) 8,675 f) 4,6725

71 b) $2,4122 \div 0,04 - 58,3231 \div 1,1$

c) $0,10813 \div 0,04 - 0,015287 \div 0,008$

72 Simplicar as seguintes expressões:

a) $(4,123 : 0,2) + (9,153 : 0,06)$

b) $(22,47 : 1,4) - (1,023 : 0,6)$

72 c) 0,0375 : 0,012 – 0,02208 : 0,08

---

73 Simplicar a seguinte expressão:

1,973 · 0,17 – 0,2173 : 0,8

---

74 Determinar o perímetro e a área dos seguintes retângulos:

a) Os lados medem 2,75 m e 2,3 m

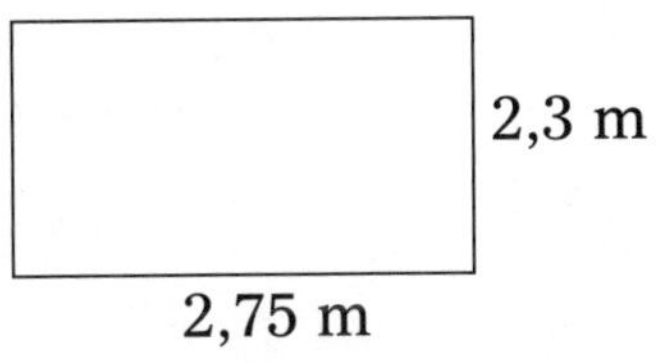

b) Os lados medem 13,5 m e 8,4 m

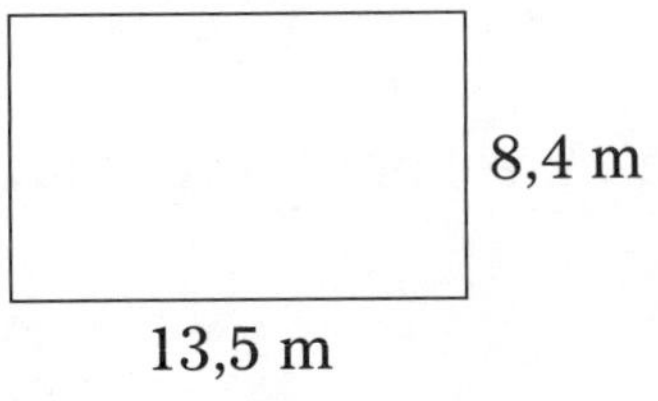

Resp: **68** a) 21,85 b) 68,62 c) 4,13 d) 7,23 **69** a) 1243 b) 243 c) 3792 **70** a) 3 ; 3 ; 3 b) 8 ; 8 ; 8 c) 7 ; 7 ; 7 d) 9 ; 9 ; 9 e) 8 ; 7 ; 7 f) 6 ; 7 ; 9 g) 80 ; 80 ; 80 h) 70 ; 70 ; 70 i) 80 ; 90 ; 80

71 a) 4,0875 – 3,125 = 0,9625

FRAÇÕES NÃO NEGATIVAS (BREVE REVISÃO)

Regras de divisibilidade (Números naturais)

Divisibilidade significa divisão exata. Exemplos:

dizemos que 8 **é divisível** por 2 porque $\begin{array}{r|l} 8 & 2 \\ \hline 0 & 4 \end{array}$ (resto = zero)

dizemos que 21 **é divisível** por 7 pois $\begin{array}{r|l} 21 & 7 \\ \hline 0 & 3 \end{array}$ (resto = zero)

dizemos que 9 **não é** divisível por 2 pois $\begin{array}{r|l} 9 & 2 \\ \hline 1 & 4 \end{array}$ (resto $\neq$ zero)

Para sabermos de uma maneira **mais prática e rápida** se um número é divisível por outro, veremos algumas regras de divisibilidade.

Divisibilidade por 2

"Um número é divisível por 2 quando é par (isto é, termina em 0, 2, 4, 6 ou 8)."

Exemplos:

4 $\boxed{6}$ é divisível por 2 pois termina em 6 (par).

1 2 $\boxed{8}$ é divisível por 2 pois termina em 8 (par).

3 $\boxed{7}$ não é divisível por 2 pois não é um número par.

Divisibilidade por 10

"Um número é divisível por 10 se termina em zero."

Exemplos:

1 2 5 $\boxed{0}$ é divisível por 10

3 0 0 $\boxed{7}$ não é divisível por 10

Divisibilidade por 5

"Um número é divisível por 5 quando termina em 0 ou 5."

Exemplos:

1 3 $\boxed{5}$ é divisível por 5.

1 2 8 $\boxed{0}$ é divisível por 5.

9 $\boxed{7}$ não é divisível por 5.

2 4 $\boxed{3}$ não é divisível por 5.

Divisibilidade por 3

"Um número é divisível por 3 quando a soma de seus algarismos for um número divisível por 3."

Exemplos:

4 3 5

1) Somemos seus algarismos: 4 + 3 + 5 = 12

2) 12 é divisível por 3

3) Então 4 3 5 é divisível por 3.

1 7 8 3

1) Somemos seus algarismos: 1 + 7 + 8 + 3 = 19

2) 19 não é divisível por 3.

3) Então 1 7 8 3 **não** é divisível por 3.

75 Após observar os números do conjunto
A = {266, 130, 215, 741, 165, 222, 510, 1504, 3321, 19775}.

Responda:

a) Quais desses números são divisíveis por 10?

b) Quais são divisíveis por 5?

c) Quais são divisíveis por 2?

d) Quais são divisíveis por 3?

Resp: **71** b) 60,305 – 53,021 = 7,284 c) 2,70325 – 1,910875 = 0,792375 **72** a) 154,6115 b) 14,345 c) 2,849
73 a) 0,063785 **74** a) 10,10 m e 6,325 m^2 b) 43,8 m e 113,4 m^2

SIMPLIFICAÇÃO DE FRAÇÕES

Como já sabemos, uma fração não se altera quando dividimos (ou multiplicamos) numerador e denominador por um mesmo número diferente de zero.

Observe:

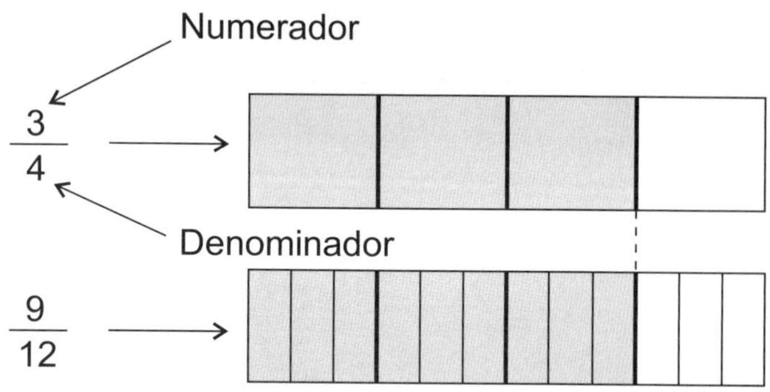

$$\frac{9}{12}\begin{smallmatrix}:3\\ \\:3\end{smallmatrix} = \frac{3}{4}$$

Frações irredutíveis são aquelas que não admitem mais simplificações.

Observe como simplificamos completamente uma fração até que se torne irredutível.

$$\frac{1680}{1980}\begin{smallmatrix}:10\\ \\:10\end{smallmatrix} = \frac{168}{198}\begin{smallmatrix}:2\\ \\:2\end{smallmatrix} = \frac{84}{99}\begin{smallmatrix}:3\\ \\:3\end{smallmatrix} = \frac{28}{33} \quad (28 = 4 \cdot 7;\ 33 = 3 \cdot 11)$$

Numerador e denominador não têm mais divisores comuns (diferentes de um) portanto essa fração $\left(\frac{28}{33}\right)$ é irredutível.

76 Simplifique completamente as frações seguintes até que se tornem irredutíveis.

a) $\frac{4}{6} =$

b) $\frac{8}{20} =$

c) $\frac{12}{48} =$

d) $\frac{36}{45} =$

e) $\frac{30}{75} =$

f) $\frac{54}{72} =$

g) $\frac{84}{60} =$

h) $\frac{540}{1980} =$

i) $\frac{750}{500} =$

j) $\frac{1380}{460} =$

k) $\frac{210}{126} =$

l) $\frac{5100}{15300} =$

m) $\frac{126}{294} =$

n) $\frac{25500}{19500} =$

o) $\frac{1100}{924} =$

p) $\frac{819}{780} =$

q) $\frac{380}{855} =$

Adição e subtração de frações com mesmo denominador

(Simplifique sempre que possível)

Exemplos:

$$\frac{5}{12}+\frac{1}{12}=\frac{5+1}{12}=\frac{6}{12}\begin{matrix}:6\\:6\end{matrix}=\frac{1}{2}$$

$$\frac{5}{12}-\frac{1}{12}=\frac{5-1}{12}=\frac{4}{12}\begin{matrix}:4\\:4\end{matrix}=\frac{1}{3}$$

$$\frac{9}{14}+\frac{3}{14}-\frac{5}{14}=\frac{9+3-5}{14}=\frac{7}{14}\begin{matrix}:7\\:7\end{matrix}=\frac{1}{2}$$

Com denominadores diferentes

$$\frac{3}{4}+\frac{5}{6}=\frac{3\cdot 3+2\cdot 5}{12}=\frac{9+10}{12}=\frac{19}{12}$$

M. M. C.

4, 6	2
2, 3	2
1, 3	3
1, 1	2 · 2 · 3 = 12

$$\frac{5}{6}-\frac{2}{4}=\frac{2\cdot 5-3\cdot 2}{12}=\frac{10-6}{12}=\frac{4}{12}\begin{matrix}:4\\:4\end{matrix}=\frac{1}{3}$$

Atenção: o aluno que perceber que é possível simplificar $\frac{2}{4}$, pode fazer assim:

$$\frac{5}{6}-\frac{2}{4}\begin{matrix}:2\\:2\end{matrix}=\frac{5}{6}-\frac{1}{2}=\frac{5-3}{6}=\frac{2}{6}=\frac{1}{3}$$

77 Efetue as adições e subtrações de frações a seguir. Não se esqueça de simplificar no final.

a) $\frac{11}{13}+\frac{15}{13}=\frac{\quad}{13}$

b) $\frac{7}{11}-\frac{3}{11}=\frac{\quad}{11}$

c) $\frac{9}{20}-\frac{1}{20}-\frac{3}{20}=\frac{\quad}{20}$

d) $\frac{5}{6}+\frac{7}{6}+\frac{6}{6}=$

e) $\frac{41}{7}-\frac{13}{7}=$

f) $\frac{19}{30}-\frac{6}{30}+\frac{12}{30}-\frac{7}{30}=$

Resp: **75** a) {130, 510} b) {130, 215, 165, 510, 19375} c) {266, 130, 222, 510, 1504} d) {741, 165, 222, 510, 3321}

78 Calcule o que se pede e **simplifique o que for possível**.

a) $\frac{1}{2} - \frac{1}{3} = \frac{}{6}$

b) $\frac{3}{6} + \frac{1}{4} = \frac{}{12}$

c) $\frac{3}{2} - \frac{3}{9} =$

d) $\frac{7}{10} + \frac{6}{4} =$

e) $\frac{7}{5} - \frac{1}{15} =$

f) $\frac{2}{24} + \frac{5}{3} =$

79 Adição e subtração de frações: no final, tente simplificar.

a) $\frac{3}{4} + \frac{1}{6} + \frac{2}{9} = \frac{}{36}$

b) $\frac{2}{3} + \frac{4}{15} - \frac{12}{45} =$

c) $\frac{7}{4} - \frac{3}{8} - \frac{5}{10} =$

79 d) $\frac{9}{2} + \frac{1}{14} - \frac{11}{7} =$

---

e) $\frac{2}{3} - \frac{3}{11} - \frac{2}{33} =$

---

f) $\frac{7}{8} - \frac{5}{12} + \frac{7}{6} =$

MULTIPLICAÇÃO DE FRAÇÕES

Multiplicamos os numeradores e os denominadores.

Observe:

$$\frac{2}{5} \cdot \frac{7}{3} = \frac{2 \cdot 7}{5 \cdot 3} = \frac{14}{15}$$

Quando há fatores comuns no numerador e no denominador, **é muito importante simplificar antes**.

É permitido simplificar, também, números de frações diferentes.

Examine o exemplo:

$$\frac{8^{\,:2}}{6_{\,:2}} \cdot \frac{21}{90} = \frac{4^{\,:2}}{3} \cdot \frac{21}{90_{\,:2}} = \frac{2}{3_{\,:3}} \cdot \frac{21^{\,:3}}{45} = \frac{2}{1} \cdot \frac{7}{45} = \frac{14}{45}$$

O outro modo aumenta nossa chance de errar pois os números ficam maiores.

Observe:

$$\frac{8}{6} \cdot \frac{21}{90} = \frac{168}{540} \begin{matrix} :2 \\ :2 \end{matrix} = \frac{84}{270} \begin{matrix} :2 \\ :2 \end{matrix} = \frac{42}{135} \begin{matrix} :3 \\ :3 \end{matrix} = \frac{14}{45}$$

Resp: **76** a) $\frac{2}{3}$ b) $\frac{2}{5}$ c) $\frac{1}{4}$ d) $\frac{4}{5}$ e) $\frac{2}{5}$ f) $\frac{3}{4}$ g) $\frac{7}{5}$ h) $\frac{3}{11}$ i) $\frac{3}{2}$
j) $\frac{3}{1} = 3$ k) $\frac{5}{3}$ l) $\frac{1}{3}$ m) $\frac{3}{7}$ n) $\frac{17}{13}$ o) $\frac{25}{21}$ p) $\frac{21}{20}$ q) $\frac{4}{9}$

77 a) $\frac{2}{1} = 2$ b) $\frac{4}{11}$ c) $\frac{1}{4}$ d) 3 e) 4 f) $\frac{3}{5}$

80 Multiplicação de frações. Simplifique o que puder, **antes de multiplicar**.

a) $\frac{2}{9} \cdot \frac{3}{4} =$

b) $\frac{4}{2} \cdot \frac{3}{9} =$

c) $\frac{4}{2} \cdot \frac{9}{6} =$

d) $\frac{10}{4} \cdot \frac{12}{25} =$

e) $\frac{4}{9} \cdot \frac{14}{15} =$

f) $\frac{21}{10} \cdot \frac{9}{22} =$

g) $\frac{98}{21} \cdot \frac{9}{35} =$

h) $\frac{26}{35} \cdot \frac{39}{55} =$

i) $\frac{121}{77} \cdot \frac{48}{40} =$

j) $5 \cdot \frac{3}{10} = \frac{5}{1} \cdot \frac{3}{10} =$

k) $\frac{15}{14} \cdot 10 = \frac{15}{14} \cdot \frac{10}{1} =$

l) $9 \cdot \frac{25}{6} =$

80 m) $\frac{18}{14} \cdot 42 =$

n) $\frac{16}{18} \cdot \frac{45}{14} \cdot \frac{15}{90} =$

o) $\frac{21}{40} \cdot \frac{25}{5} \cdot \frac{9}{14} =$

p) $\frac{4}{25} \cdot \frac{5}{9} \cdot \frac{11}{7} =$

81 Efetuar as seguintes divisões:

a) $\frac{3}{5} : \frac{5}{2} =$	$\frac{5}{7} : \frac{3}{2} =$	$\frac{4}{3} : \frac{5}{2} =$	$\frac{9}{8} : \frac{2}{3} =$	$\frac{5}{2} : \frac{7}{3} =$
b) $\frac{3}{5} : \frac{1}{2} =$	$\frac{4}{7} : \frac{1}{3} =$	$\frac{5}{8} : 3 =$	$\frac{7}{9} : 4 =$	$\frac{1}{3} : \frac{5}{2} =$
c) $\frac{1}{7} : \frac{3}{2} =$	$\frac{1}{9} : \frac{1}{5} =$	$\frac{1}{7} : \frac{1}{3} =$	$5 : \frac{2}{3} =$	$7 : \frac{5}{3} =$
d) $\frac{1}{5} : 2 =$	$\frac{1}{7} : 3 =$	$\frac{2}{5} : 3 =$	$\frac{5}{8} : 2 =$	$5 : 3 =$
e) $5 : \frac{1}{2} =$	$7 : \frac{1}{7} =$	$8 : \frac{7}{3} =$	$5 : \frac{3}{5} =$	$9 : \frac{1}{3} =$

Resp: **78** a) $\frac{1}{6}$ b) $\frac{3}{4}$ c) $\frac{7}{6}$ d) $\frac{11}{5}$ e) $\frac{4}{3}$ f) $\frac{7}{4}$ **79** a) $\frac{41}{36}$ b) $\frac{2}{3}$ c) $\frac{7}{8}$ d) 3 e) $\frac{1}{3}$ f) $\frac{13}{8}$

82 Determinar o resultado da expressão, nos casos:

a) $\frac{3}{4} : \frac{9}{8} =$ | $\frac{9}{10} : \frac{6}{5} =$ | $\frac{9}{25} : \frac{12}{15} =$ | $\frac{14}{21} : \frac{4}{10} =$ | $\frac{28}{35} : \frac{21}{30} =$

b) $\frac{56}{64} : \frac{42}{8} =$ | $\frac{8}{6} : \frac{36}{42} =$ | $\frac{50}{8} : \frac{30}{16} =$ | $\frac{24}{70} : \frac{30}{14} =$ | $\frac{20}{35} : \frac{24}{63} =$

c) $\frac{14}{10} : \frac{2}{10} =$ | $4 : \frac{16}{28} =$ | $\frac{25}{35} : \frac{10}{14} =$ | $\frac{20}{24} : \frac{3}{18} =$ | $\frac{18}{10} : \frac{24}{40} =$

83 Simplificar as seguintes expressões:

a) $\left(\frac{2}{3} : \frac{3}{5}\right) : \frac{1}{7} =$

b) $\left(\frac{2}{5} : \frac{4}{5}\right) : \frac{7}{2} =$

c) $\left(\frac{2}{3} : \frac{3}{4}\right) : \frac{8}{9} =$

d) $\left(\frac{12}{18} : \frac{6}{21}\right) : \frac{28}{35} =$

e) $\left(\frac{8}{12} : \frac{15}{25}\right) : \frac{35}{42} =$

f) $\left(\frac{9}{15} : \frac{24}{20}\right) : \frac{75}{10} =$

g) $\frac{4}{18} : \left(\frac{8}{6} : \frac{15}{25}\right) =$

h) $\frac{9}{15} : \left(\frac{8}{30} : \frac{32}{36}\right) =$

i) $\frac{36}{81} : \left(\frac{50}{36} : \frac{35}{28}\right) =$

84 Determinar o resultado das seguintes divisões:

a) $\dfrac{\dfrac{5}{3}}{\dfrac{3}{4}} =$

b) $\dfrac{\dfrac{1}{2}}{\dfrac{7}{5}} =$

c) $\dfrac{\dfrac{3}{8}}{\dfrac{1}{7}} =$

d) $\dfrac{\dfrac{3}{7}}{5} =$

e) $\dfrac{3}{\dfrac{7}{5}} =$

f) $\dfrac{1}{\dfrac{5}{8}} =$

g) $\dfrac{\dfrac{6}{25}}{\dfrac{14}{10}} =$

h) $\dfrac{\dfrac{12}{35}}{\dfrac{16}{21}} =$

i) $\dfrac{\dfrac{15}{27}}{\dfrac{20}{18}} =$

j) $\dfrac{\dfrac{16}{54}}{\dfrac{20}{45}} =$

k) $\dfrac{\dfrac{18}{5}}{24} =$

l) $\dfrac{18}{\dfrac{45}{10}} =$

Resp: **80** a) $\frac{1}{6}$ b) $\frac{2}{3}$ c) 3 d) $\frac{6}{5}$ e) $\frac{56}{135}$ f) $\frac{189}{220}$ g) $\frac{6}{5}$ h) $\frac{1014}{1925}$ i) $\frac{66}{35}$ j) $\frac{3}{2}$ k) $\frac{75}{7}$ l) $\frac{75}{2}$ m) 54 n) $\frac{10}{21}$ o) $\frac{27}{16}$ p) $\frac{44}{315}$

81 a) $\frac{6}{25}; \frac{10}{21}; \frac{8}{15}; \frac{27}{16}; \frac{15}{14}$ b) $\frac{6}{5}; \frac{12}{7}; \frac{5}{24}; \frac{7}{36}; \frac{2}{15}$ c) $\frac{2}{21}; \frac{5}{9}; \frac{3}{7}; \frac{15}{2}; \frac{21}{5}$ d) $\frac{1}{10}; \frac{1}{21}; \frac{2}{15}; \frac{5}{16}; \frac{5}{3}$ e) 10 ; 49; $\frac{24}{7}$; $\frac{25}{3}$; 27

85 Efetuar:

a) $\frac{4}{5} + \frac{2}{3} =$ | $\frac{4}{5} - \frac{2}{3} =$ | $\frac{4}{5} \cdot \frac{2}{3} =$ | $\frac{4}{5} : \frac{2}{3} =$ | $\frac{5}{6} + \frac{3}{4} =$

b) $\frac{5}{6} \cdot \frac{3}{4} =$ | $\frac{5}{6} - \frac{3}{4} =$ | $\frac{5}{6} : \frac{3}{4} =$ | $2 - \frac{3}{4} =$ | $2 : \frac{3}{4} =$

c) $2 + \frac{3}{4} =$ | $2 \cdot \frac{3}{4} =$ | $\frac{4}{3} + 2 =$ | $\frac{4}{3} \cdot 2 =$ | $\frac{4}{3} : 2 =$

86 Simplificar as seguintes expressões:

a) $\left(\frac{2}{3} - \frac{1}{6} + \frac{5}{4}\right) : \frac{35}{16} =$

b) $\frac{34}{9} : \left(2 + \frac{1}{4} - \frac{5}{6}\right) =$

c) $\left(\frac{8}{5} - \frac{5}{6} - \frac{4}{15}\right) : \frac{5}{8} =$

d) $\left(\frac{5}{4} - \frac{2}{3}\right) : \left(\frac{5}{6} - \frac{3}{8}\right) =$

e) $\left(\frac{7}{15} + \frac{3}{10}\right) : \left(2 + \frac{7}{8}\right) =$

f) $\left(\frac{5}{6} + \frac{3}{8}\right) : \left(\frac{7}{17} + 3\right) =$

g) $\left(\frac{5}{6} - \frac{3}{4} + \frac{1}{2}\right) : \left(\frac{3}{4} - \frac{3}{8} + \frac{15}{16}\right) =$

h) $\left(\frac{5}{6} + \frac{3}{8} - \frac{5}{12}\right) : \left(\frac{2}{3} - \frac{1}{6} + \frac{5}{9}\right) =$

i) $\left(1 - \frac{7}{10} + \frac{2}{15}\right) : \left(\frac{3}{2} - \frac{11}{18} - \frac{5}{12} + \frac{1}{4}\right) =$

j) $\left(\frac{2}{3} - \frac{4}{15} - \frac{2}{9}\right) : \left(\frac{7}{12} - \frac{2}{15} - \frac{3}{10}\right) =$

NÚMEROS INTEIROS (Z)

Conjunto dos números inteiros (Z)

Z = { ..., – 11, – 10, ..., – 3, – 2, – 1, 0 , + 1, + 2, + 3,...,+ 9,+ 10,+ 11,...}

Conjunto dos números inteiros negativos ($\mathbb{Z}_-^*$)

Z_-^* = { ...,– 12, – 11, – 10, – 9, – 8, – 7, – 6, – 5, – 4, – 3, – 2, – 1}

Conjunto dos números inteiros positivos ($\mathbb{Z}_+^*$)

Para os números inteiros positivos vamos adotar: + 1= 1 , + 2 = 2, + 3 = 3,...Então:

(Z_+^*) = {+ 1 , + 2 , + 3 , ... + 9 , + 10 , ...} = {1 , 2 , 3, ... , 9 ,10 , 11 , ...}

Obs.: O número 0 não é positivo nem negativo e + 0 =0 e – 0 = 0.

Observe ainda que **N** é um subconjunto de Z (**N** está contido em Z).

$$Z = \{ ..., -3, -2, -1, \underbrace{0,\ 1,\ 2,\ 3 ...}_{N} \}$$

Note que $-5 \in Z$, $-201 \in Z$, $0 \in Z$, $5 \in Z$, $\frac{2}{3} \notin Z$, $-\frac{1}{5} \notin Z$

Conjunto dos números inteiros primos:

{..., – 17, – 13, – 11, – 7, – 5, – 3, – 2, 2, 3, 5, 7, 11, 13, 17, ...}

Conjunto dos números inteiros pares:

{..., – 12, – 10, – 8, – 6, – 4, – 2, 0 , 2 , 4, 6, 8, 10, 12,...}

Conjunto dos números inteiros ímpares:

{..., – 13, – 11, – 9, – 7, – 5, – 3, – 1, 1 , 3 , 5 , 7, 9, 11, 13, ...}

Os números inteiros na reta numérica:

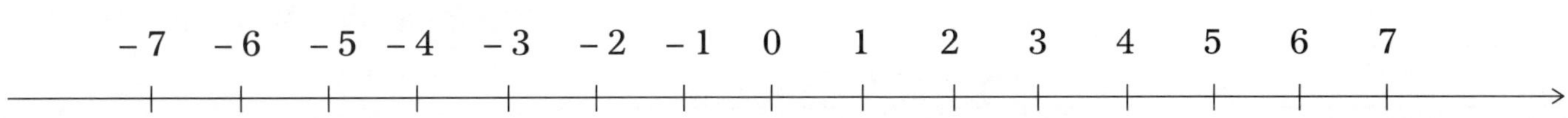

Um número inteiro é maior que todos que estão à sua esquerda e menor que todos que estão à sua direita:

... – 5 < – 4< – 3 < – 2 < – 1 < 0 < 1 < 2 < 3 < 4 ...

Exemplos: 1) – 7 > – 8, – 7> – 9, – 7 > – 10, – 8 > – 9 e – 20 > – 30

2) 5 > 2, 5 > 1, 5 > 0, 5 > – 1, 5 > – 2, 1 > – 20

3) 2 < 5, – 6 < – 4, – 10 < 0, – 10 < 2, – 30 < – 17

4) 5< 3, 2 > 0, 2 > – 10, – 1> – 12, – 1 > – 2

5) Todo número negativo é menor que 0

6) Todo número positivo é maior que 0

Resp: **82** a) $\frac{2}{3}; \frac{3}{4}; \frac{9}{20}; \frac{5}{3}; \frac{8}{7}$ b) $\frac{1}{6}; \frac{14}{9}; \frac{10}{3}; \frac{4}{25}; \frac{3}{2}$ c) 7; 7; 1; 5; 3
c) 1 d) $\frac{35}{12}$ e) $\frac{4}{3}$ f) $\frac{1}{15}$ g) $\frac{1}{10}$ h) 2 i) $\frac{2}{5}$
d) $\frac{3}{35}$ e) $\frac{15}{7}$ f) $\frac{8}{5}$ g) $\frac{6}{35}$ h) $\frac{9}{20}$ i) $\frac{1}{2}$ j) $\frac{2}{3}$

83 a) $\frac{70}{9}$ b) $\frac{1}{7}$

84 a) $\frac{20}{9}$ b) $\frac{5}{14}$ c) $\frac{21}{8}$ k) $\frac{3}{20}$ l) 4

Propriedades em Z

Se a, b e c são números inteiros, $\{a, b, c\} \subset Z$, então:

Propriedade do fechamento: $(a + b) \in Z$ e $(a \cdot b) \in Z$

Propriedade comutativa: $a + b = b + a$ e $ab = ba$

Propriedade associativa: $(a + b) + c = a + (b + c)$ e $(ab)c = a(bc)$

Propriedade distributiva: $a(b + c) = ab + ac$

Elemento neutro:

0 zero para a adição: $0 + a = a + 0 = a$

0 1 para a multiplicação: $1 \cdot a = a \cdot 1 = a$

Inverso aditivo (ou oposto ou simétrico): Dado a, existe (–a) tal que $a + (-a) = (-a) + a = 0$

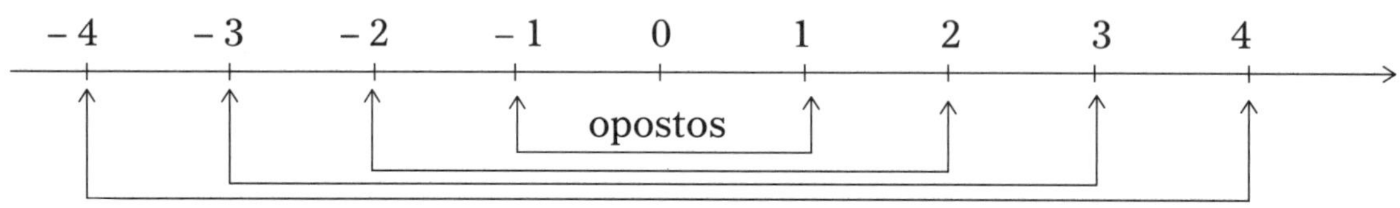

um é o oposto do outro

Obs: O oposto de a é – a. (0 oposto de 7 é – 7)

O oposto de – a é – (– a) que é a. (0 oposto de – 5 é – (– 5) = 5)

Baseando-se nas propriedades dadas acima, provam-se, normalmente em cursos de ensino superior, as propriedades seguintes que usaremos para simplicar as expressões numéricas que veremos a seguir.

P1 $a + b = a + c \Rightarrow b = c$	P2 $b + x = a \Rightarrow x = a - b$	P3 $a - b = 0 \Rightarrow a = b$
P4 $0 - a = -a$	P5 $-0 = 0$	P6 $a \cdot 0 = 0$
P7 $-(-a) = a$	P8 $(-a)b = -(ab)$	P9 $(-a)b = a(-b)$
P10 $(-a)(-b) = ab$	P11 $a(b - c) = ab - ac$	P12 $-(a + b) = -a - b$
P13 $-(a - b) = -a + b$		

Operações

1) **Adicionar inteiro positivo**: Significa ir para direita.

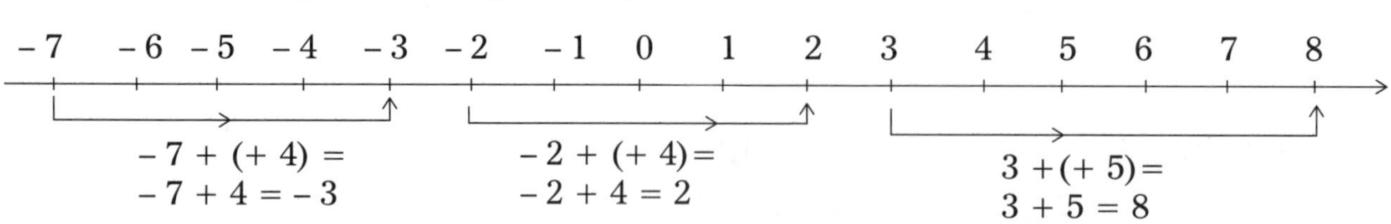

2) **Adicionar inteiro negativo**: Significa ir para esquerda.

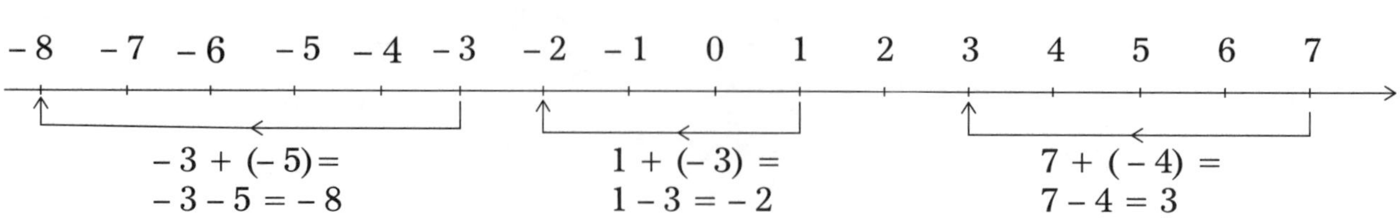

3) **Subtrair inteiro positivo**: significa ir para esquerda.

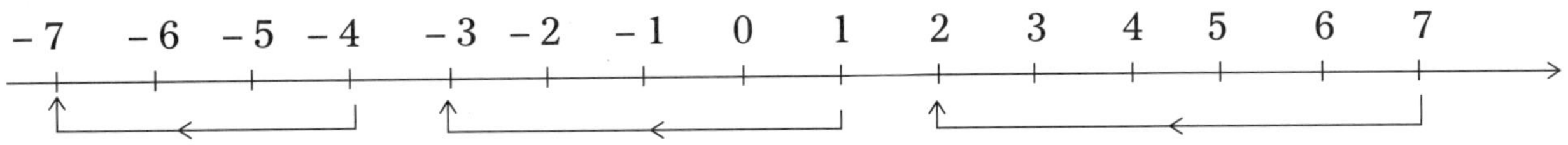

$-4-(3)=$
$-4-3=-7$

$1-(4)=$
$1-4=-3$

$7-(5)=$
$7-5=2$

4) **Subtrair inteiro negativo**: significa ir para direita

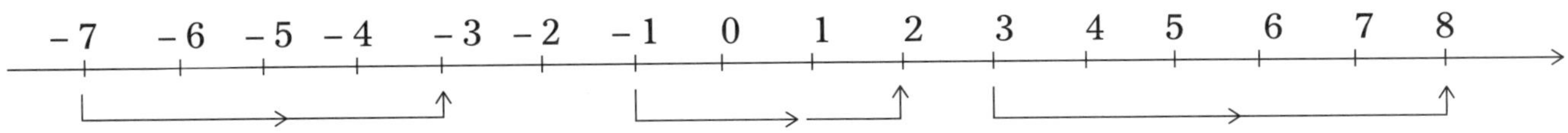

$-7-(-4)=$
$-7+4=-3$

$-1-(-3)=$
$-1+3=2$

$3-(-5)=$
$3+5=8$

5) **Somar inteiros positivos a um número a**: Significa ir para direita de **a**

$a+2+3+5+4=a+14, \quad a+1+2+7=a+10.$

6) **Somar inteiros negativos a um número a**: Significa ir para esquerda de **a**

$a+(-3)+(-5)+(-4)=a-3-5-4=a-12$

7) **Subtrair inteiros positivos de um número a**: Significa ir para esquerda de **a**

$a-(+4)-(+3)-(+6)=a-4-3-6=a-13$

8) **Subtrair inteiros negativos de um inteiro a**: Significa ir para direita de **a**

$a-(-2)-(-3)-(-9)=a+2+3+9=a+14$

9) **Multiplicação de um inteiro positivo por negativo**: Significa adicionar inteiros negativos, que é ir para esquerda do zero.

$5(-3)=-3+(-3)+(-3)+(-3)+(-3)=-3-3-3-3-3=-15$

10) **Multiplicação de inteiro negativo por negativo**: Significa subtrair inteiros negativos, que é ir para direita do zero.

$-4(-5)=-(-5)-(-5)-(-5)-(-5)=5+5+5+5=20$

Pontenciação em Z

Para $n \in N$ e $a \in Z^*$ define - se: $a^0=1$ e $a^{n+1}=a^n \cdot a$

Para $a=0$ e $n \in N^*$ define - se: $0^n=0$

Consequências da definição: $a^1=a$ e $a^n=\underbrace{a \cdot a \cdots a}_{\text{n fatores}}$

Propriedades: (Satisfeitas as condições da definição).

1) $a^m \cdot a^n=a^{m+n}$ 2) $a^m : a^n=a^{m-n}$ 3) $(a^m)^n=a^{mn}$

4) $(a \cdot b)^n=a^n \cdot b^n$ 5) $(a:b)^n=a^n:b^n$

Obs: $a^{m^n}=a^{(m^n)}$

Resp: **85** a) $\frac{22}{15}; \frac{2}{15}; \frac{8}{15}; \frac{6}{5}; \frac{19}{12}$ b) $\frac{5}{8}; \frac{1}{12}; \frac{10}{9}; \frac{5}{4}; \frac{8}{3}$ c) $\frac{11}{4}; \frac{3}{2}; \frac{10}{3}; \frac{8}{3}; \frac{2}{3}$ **86** a) $\frac{4}{5}$ b) $\frac{8}{3}$ c) $\frac{4}{5}$ d) $\frac{14}{11}$ e) $\frac{4}{15}$ f) $\frac{17}{48}$ g) $\frac{4}{9}$ h) $\frac{3}{4}$ i) $\frac{3}{5}$ j) $\frac{32}{27}$

Obs: 1) $(-5)^2 = (-5)(-5) = 25$

" Se a base for inteiro negativo e o expoente for par, o resultado é positivo."

2) $(-5)^3 = (-5)(-5)(-5) = -125$

" Se a base for inteiro negativo e o expoente for ímpar, o resultado é negativo."

Radiciação em Z

1º caso: $n \in N^*$ e n é impar e **a** e **b** são números inteiros quaisquer.

$$\boxed{\sqrt[n]{a} = b \iff b^n = a}$$

Exemplos:

$\sqrt[3]{8} = 2 \iff 2^3 = 8, \qquad \sqrt[3]{-8} = -2 \iff (-2)^3 = -8$

2º caso: $n \in N^*$ e n é par a e b são número inteiros positivos

$$\boxed{\sqrt[n]{a} = b \iff b^n = a}$$

Exemplo: $\sqrt[4]{81} = 3 \iff 3^4 = 81$

Obs.: 1) Embora $(-3)^4 = 81$, a $\sqrt[4]{81}$ é, por definição, 3.

2) Não existe número inteiro que com expoente par dê resultado negativo. Então $\sqrt[n]{a}$ não é número inteiro para **n** par e **a** negativo.

Módulo de um número inteiro (Notação: $|a|$)

Definição: $\begin{cases} |a| = a, \text{se } a \geqslant 0 \\ |a| = -a, \text{se } a < 0 \end{cases}$

Note que o módulo de zero é zero, o módulo de um número positivo é o proprio número e que o modulo de um número negativo é o seu oposto.

Então:

$|0| = 0, \ |7| = 7, \ |-8| = 8, \ |23| = 23, \ |-2| = 2 \ \text{ e } \ |-31| = 31$

Obs.: 1) O módulo de um número também pode ser chamado de **valor absoluto** deste número.

2) Podemos interpretar o módulo de um número, geometricamente, como a distância entre os pontos da reta numérica que representam este número e o zero

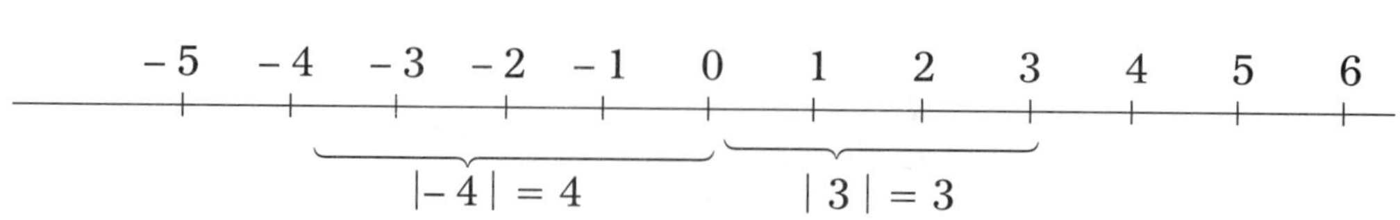

87 Sabendo que $\in$ = pertence, $\notin$ = não pertence, Z = { ..., – 3, – 2, – 1, 0, 1, 2, 3, ...}

$Z_+ = N = \{0, 1, 2, 3, \ldots\}$, $Z_+^* = N^* = \{1, 2, 3, \ldots\}$ e $Z_- = \{\ldots, -3, -2, -1, 0\}$, classificar com **V** ou **F** as seguintes sentenças:

a) ( ) $2 \in N$	( ) $2 \in Z$	( ) $-2 \in N$	( ) $-2 \in Z$
b) ( ) $0 \in Z_+$	( ) $0 \notin Z_-$	( ) $0 \in N^*$	( ) $-7 \in Z_-$
c) ( ) $-7 \in Z_-^*$	( ) $-8 \in Z_+$	( ) $-9 \notin Z_-$	( ) $8 \in Z_-$
d) ( ) $13 \notin Z_-^*$	( ) $-13 \in Z_+$	( ) $5 \notin Z_-$	( ) $-5 \notin Z_+$
e) ( ) $-2 \notin N^*$	( ) $-3 \notin Z_-$	( ) $-4 \notin N$	( ) $6 \notin Z_-$

88 Completar:

a) O oposto de 7 é	O oposto de – 8 é	O oposto de 0 é
b) O oposto de – 9 é	O oposto de 13 é	O oposto de – 23 é
c) O oposto de + 12 é	O oposto de – 27 é	O oposto de 1 é

89 Determinar os seguintes módulos:

a) $\|7\| =$	$\|0\| =$	$\|5\| =$	$\|-5\| =$	$\|-8\| =$
b) $\|-1\| =$	$\|23\| =$	$\|-41\| =$	$\|41\| =$	$\|-9\| =$

90 Completar com **> (maior)**, **< (menor)** ou **= (igual)**, de modo que a sentença obtida fique verdadeira, nos casos:

a) 7 9	15 23	10 7	– 1 8	– 10 1
b) – 15 – 7	– 8 – 10	– 20 – 13	– 5 5	2 – 2
c) 3 – 20	4 0	– 5 0	0 – 2	0 11

91 Utilizando **(<)** escrever em ordem crescente os números dados, nos casos:

a) – 7, – 8, 9, 0, – 3, – 13	b) 3, 18, – 18, 0, 7, – 5, – 23
c) 43, – 22, – 38, 4, 0, – 9, 12	d) – 1, 0, 1, 3, – 3, 4, – 8, 12

92 Utilizando **(>)** escrever em ordem descrescente os números dados, nos casos:

a) – 10, – 4, 0, 3, – 8, 17, – 21	b) 15, 5, – 9, 0 , 14, – 20, 11
c) – 11, – 8, 0, 12, – 23, 19, 1	d) – 32, – 4, 0, – 16, 5, 7, – 1

93 Complete com **(>) maior**, **< (menor)** ou **= (igual)**, de modo que a sentença obtida fique verdadeira, nos casos:

a) $\|-7\|$ -7	$\|8\|$ -8	$\|-7\|$ 9	$\|-8\|$ 8	$\|-4\|$ 2
b) $\|-5\|$ 4	$\|-6\|$ 8	$\|-4\|$ 4	$\|-6\|$ 0	$\|0\|$ -9
c) 7 $\|-8\|$	9 $\|-3\|$	-5 $\|-4\|$	-6 $\|-6\|$	8 $\|-8\|$
d) $\|-4\|$ 0	0 $\|-2\|$	0 $\|0\|$	-4 $\|-4\|$	8 $\|-9\|$
e) $\|-4\|$ $\|-4\|$	$\|-8\|$ $\|8\|$	9 $\|-9\|$	$\|-13\|$ $\|11\|$	$\|-9\|$ $\|-20\|$
f) $\|-5\|$ $\|-1\|$	$\|7\|$ $\|-9\|$	$\|-13\|$ $\|7\|$	$\|-14\|$ $\|-1\|$	$\|-1\|$ $\|-3\|$

94 Quando queremos calcular o saldo **de gols** de um time de futebol, procedemos assim:

* Se o time **marca** gols, **somamos**.
* Se o time **toma** gols, **subtraímos**.
* Se **faz mais gols do que toma**, seu saldo é **positivo** (+).
* Se s**ofre mais gols do que faz**, seu saldo é **negativo** (–).

Exemplos:

a) O saldo do time é 5 (ou seja, é positivo, o mesmo que + 5) e ele faz 3 gols; seu saldo passa a ser

5 + 3 = 8

b) O saldo é 8 e o time toma 6 gols; seu saldo passa a ser

8 – 6 = 2

c) Agora, ele toma 5 gols; seu saldo será

2 – 5 = – 3 (saldo negativo)

d) Em seguida, toma 4 gols, o novo saldo será

– 3 – 4 = – 7 (Piorou!!)

e) Agora, se recupera e faz 9 gols; seu saldo ficará

– 7 + 9 = + 2 = 2

Após essa explicação, partindo de um saldo inicial positivo de 3 gols (+ 3), indique a “**conta**” que se faz e dê o saldo de gols em cada linha (complete o quadro).

Gols pró ou contra	Saldo Inicial	"Conta"	Saldo Final
	3		
Tomou 2 gols	3	3 – 2	1
Fez 4 gols	1	1 + 4	5
Fez mais 3 gols	5		
Tomou 6 gols			
Tomou 3 gols			
Tomou 2 gols			
Tomou 4 gols			
Fez 2 gols			
Fez 1 gol			
Fez mais 1 gol			
Fez 4 gols			
Fez 6 gols			
Tomou 3 gols			
Fez 2 gols			
Tomou 8 gols			
Fez 3 gols			
Tomou 4 gols			
Tomou 2 gols			
Tomou 1 gol			
Tomou 2 gols			
Fez 8 gols			

Qual é o saldo final do time após todos estes jogos?

Resp: **87** a) V , V , F , V b) V , F , F , V c) V , F , F , F d) V, F , V , V e) V , F , V , V **88** a) – 7 , 8 , 0 b) 9 , – 13, 23 c) – 12 , 27 , – 1 **89** a) 7, 0 , 5 , 5 , 8 b) 1 , 23 , 41 , 41 , 9 **90** a) < , < , > , < , < b) < , > , < , < , > c) > , > , < , > , < **91** a) – 13 < – 8 < – 7 < – 3 < 0 < 9 b) – 23 < – 18 < – 5 < 0 < 3 < 7 < 18 c) – 38 < – 22 < – 9 < 0 < 4 < 12 < 43 d) – 8 < – 3 < – 1 < 0 < 1 < 3 < 4 < 12

95 O quadro abaixo mostra as temperaturas de uma cidade em dias seguidos. Se a **mudança** na temperatura é **positiva** isso indica que a **temperatura subiu**; se a **mudança** é **negativa a temperatura caiu**. Complete o quadro.

Temperatura Inicial	Mudança na Temperatura	"Conta"	Nova Temperatura
+ 3	– 2	+ 3 – 2	+ 1
+ 1	– 1	+ 1 – 1	0
0	– 1	0 – 1	
	– 2		
	– 3		
	+ 2		
	+ 1		
	+ 5		
	+ 4		
	– 2		
	– 7		
	+ 5		
	+ 2		
	– 6		
	– 1		
	+ 7		
	– 5		

Adição de números inteiros com sinais.

Observe os exemplos:

7 – 2 = + 7 – 2 = + 5 = 5

3 – 5 = + 3 – 5 = – 2

– 2 + 3 = + 1 = 1

– 2 – 4 = – 6

7 + 3 = + 7 + 3 = +10 =10

– 8 + 4 = – 4

Eliminação de parênteses

+ (+ 4) = + 4 = 4

+ (– 3) = – 3

– (+ 6) = – 6

– (– 2) = + 2 = 2

96 Efetue as seguintes operações com números inteiros:

a) 9 + 3 =	b) 6 – 3 =	c) 5 – 8 =
d) – 2 + 7 =	e) – 4 – 6 =	f) – 6 + 1 =
g) – 12 – 8 =	h) 17 + 18 =	i) – 19 + 13 =
j) 18 – 11 =	k) – 14 + 19 =	l) 8 – 17 =

m) 75 – 23 =	n) – 34 – 82 =
o) – 21 + 59 =	p) 36 + 66 =
q) – 97 + 15 =	r) 55 – 88 =

s) – 4 + 6 + 3 – 7 – 1 =

t) – 4 + 6 + 3 – 7 – 1 =

u) 9 + 3 – 13 – 2 – 1 + 5 + 3 – 6 =

v) 9 + 3 – 13 – 2 – 1 + 5 + 3 – 6 =

Resp: **92** a) 17 > 3 > 0 > – 4 > – 8 > – 10 > – 21 b) 15 > 14 > 11 > 5 > 0 > – 9 > – 20 c) 19 > 12 > 1 > 0 > – 8 > – 11> – 23 d) 7 > 5 > 0 > – 1 > – 4 > – 16 > – 32 **93** a) >, >, <, = , > b) >, <, = , >, > c) <, >, <, <, = d) >, <, =, <, < e) =, = , = , >, < f) >, <, >, > , < **94** Fazer juntos,oralmente.

97 Simplifique (elimine os parênteses).

a) $-(+3) =$	b) $+(+4) =$	c) $-(-2) =$
d) $+(-5) =$	e) $-(5) =$	f) $+(12) =$
g) $(-7) =$	h) $(+10) =$	i) $-(-0) =$

j) $+(-11 + 15) =$

k) $-(-12 + 7) =$

l) $-(14 - 6) =$

m) $+(-19 - 17) =$

n) $+(20 - 25) =$

o) $-(17 + 13) =$

p) $-(33 - 96) =$	q) $-(-51 + 78) =$
r) $-(38 + 95) =$	s) $+(-67 + 25) =$
t) $-(55 - 37) =$	u) $+(-89 - 42) =$

98 Primeiro elimine os parênteses e depois calcule:

a) $+(-3) + (+6) =$ $=$	b) $(+4) - (+8) =$ $=$

98 c) $-(-5)+(-2)=$

$=$

d) $-(+7)-(-1)=$

$=$

e) $(-9)-(-12)=$

$=$

f) $-(-6)+(-4)-(+7)=$

$=$

g) $(-3)+(+5)+(-8)=$

$=$

h) $-(-10)-(+12)-(-15)=$

$=$

i) $-(+2)+(+9)-(-1)+(-10)=$

$=$

j) $(-6)-(12)-(-13)+(+17)+(-8)-(+2)=$

$=$

99 Faça nesta ordem:

1) Calcule os conteúdos dos parênteses.

2) Elimine os parênteses.

3) Calcule o valor da expressão.

a) $8-(6-10)=$

$=$

b) $12-(-2-9)-(+3)=$

$=$

Resp: **95** Fazer juntos,oralmente. **96** a) 12 b) 3 c) – 3 d) 5 e) – 10 f) – 5 g) – 20 h) 35 i) – 6 j) 7 k) 5 l) – 9 m) 52 n) – 116 o) 38 p) 102 q) – 82 r) – 33 s) – 3 t) – 3 u) – 2 v) – 2

99 c) $(13 - 6) - (-10) + 3 =$

$=$

d) $-(19 - 20) - (-4) + (14 - 7) =$

$=$

e) $-(+15) - (7 + 3 - 16) + (-13) =$

$=$

f) $(12 - 18) - (-2 - 1 + 9) =$

$=$

g) $-6 + (-11) - (-9 - 1 + 8) =$

h) $(22 - 25) - (36 - 31) - (-3 - 10) =$

i) $(2 - 14) - 10 + (-5) - (3 - 18) - (-11) =$

$=$

j) $(-1 + 7) - (-5 + 9) + (6 - 13) - (-7 - 1) - (-4 - 5) =$

$=$

Problemas com Adição de Números Inteiros

100 O saldo bancário de um cliente de um banco era de 123 reais e passou a ser de – 123 reais.

a) O cliente fez um depósito ou uma retirada?

b) De quanto?

---

101 Em uma cidade, o termômetro registrou durante a madrugada uma temperatura de – 2ºC e de manhã a temperatura tinha aumentado em 8ºC. Qual a temperatura registrada pelo termômetro na parte da manhã nessa cidade? Escreva uma expressão numérica que represente a situação.

---

102 Determine o valor de cada letra e a seguir coloque-as em ordem crescente:

A = – 32 – 53 B = – 127 + 198 C = + 43 + 29 D = 24 – 106

---

103 Arquimedes, matemático e inventor grego, morreu no ano de 212 a.C. com 75 anos de idade. Em que ano Arquimedes nasceu? Faça uma linha do tempo para representar os anos descritos.

---

104 Albert Einstein, físico alemão, nasceu em 1879 e morreu com 76 anos de idade. Em que ano Einstein morreu? Faça uma linha do tempo para representar os anos descritos.

Resp: **97** a) – 3 b) 4 c) 2 d) – 5 e) – 5 f) 12 g) – 7 h) 10 i) 0 = + 0 = – 0 j) 4 k) 5 l) – 8 m) – 36 n) – 5 o) – 30 p) 63 q) – 27 r) – 133 s) – 42 t) – 18 u) – 131

98 a) 3 b) – 4 c) 3 d) – 6 e) 3 f) – 5 g) – 6 h)13 i) – 2 j) 2 **99** a) 12 b) 20

105 Com os números – 15, – 9, – 5, – 4, – 2, – 1, + 3 e + 9, sem repeti-los, preencha as fichas abaixo de modo que a soma de cada uma seja – 6.

---

106 Junte dois a dois, de todos os modos possíveis, com somas algébricas, os números indicados nos retângulos e dê o resultado obtido em cada caso. (Dica: são 6 casos no total)

– 9	+ 15	– 14	+ 3

_____ + _____ = _____ _____ + _____ = _____

_____ + _____ = _____ _____ + _____ = _____

_____ + _____ = _____ _____ + _____ = _____

---

107 Cleópatra, rainha do Egito, assumiu o trono com 18 anos e seu reinado foi de 51 a.C. até 30 a.C , quando morreu. Para te ajudar a responder as perguntas, desenhe uma linha do tempo que represente os anos descritos.

a) Quantos anos durou o reinado de Cleópatra?

b) Em que ano ela nasceu?

c) Quantos anos tinha Cleópatra quando morreu?

---

108 Cada letra equivale à soma dos números das duas casas imediatamente abaixo. Determine o valor de cada letra da pirâmide.

a)

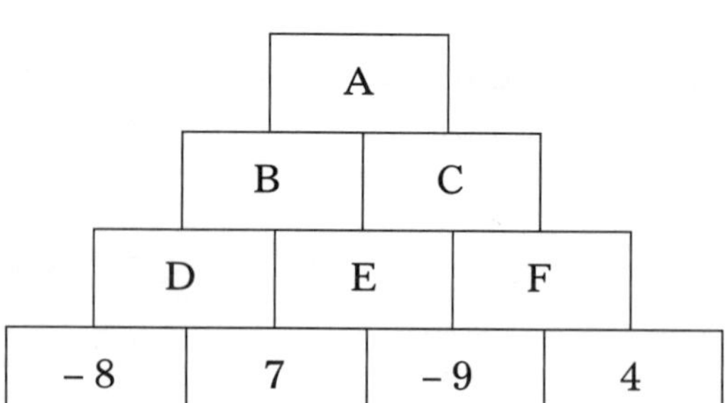

b)

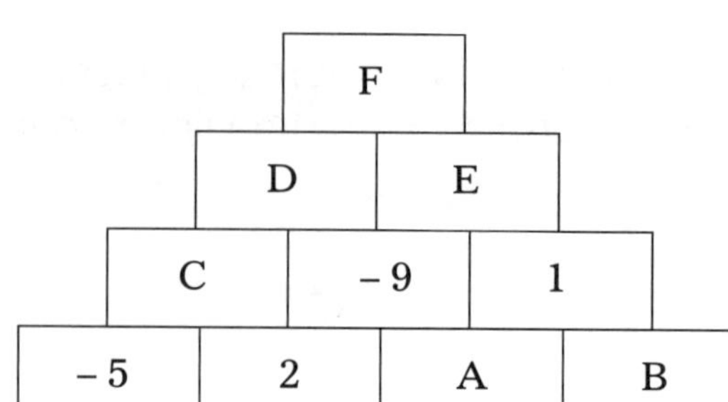

109 Júlio César, cônsul romano, nasceu no ano de 100 a.C. e morreu assassinado com 56 anos de idade. Em que ano Júlio Cesar morreu?

---

110 Complete as lacunas com números inteiros.

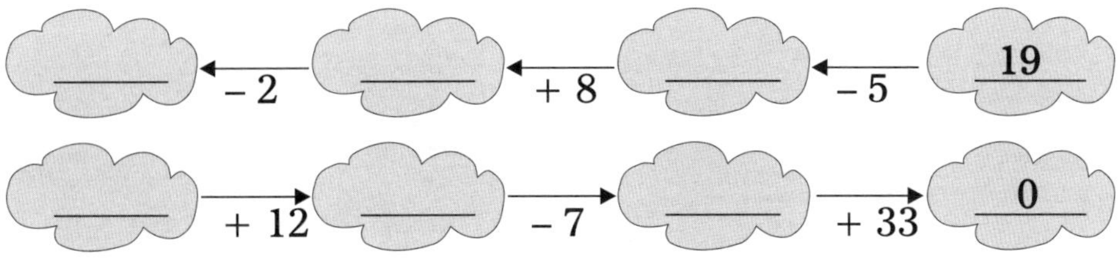

---

111 Duas duplas A e B jogam baralho. A dupla A fez – 270 pontos na primeira rodada, enquanto a dupla B fez 790 pontos. Qual a diferença de pontos entre as duas duplas? Faça uma reta numérica para representar a situação.

---

112 Um submarino encontra-se a uma profundidade de 75 metros e um avião passa por cima dele numa altitude de 558 metros. Qual a distância que separa o avião e o submarino? Faça uma figura para representar as medidas mencionadas.

---

113 Quantos anos tinha uma pessoa que nasceu no ano 8 a.C. e morreu no ano 29 d.C.?
(lembre-se que não existe ano zero!)

Resp: **99** c) 20 d) 12 e) – 22 f) – 12 g) – 15 h) 5 i) – 1 j) 12 **100** a) Retirada b) 246
101 + 6°C **102** A = – 85 ; B = 71 ; C = 72 ; D = – 82 A < D < B < C **103** 287 a.C. **104** 1955

114 Dados $a = -7$, $b = +4$, $c = -3$ e $d = -5$, determine o valor de:

a) $a + b + c + d =$

b) $a - b + c - d =$

c) $-a - c + d + b =$

---

115 Calcule o valor da soma entre o antecessor de -15 e o sucessor de $+23$.

---

116 Calcule a soma dos três maiores primos negativos.

---

117 Calcule a soma entre o menor múltiplo de 3 negativo de 1 algarismo e o maior divisor de 14.

---

118 Calcule a soma dos três menores pares maiores do que -20.

Problemas de fixação

119 Em cada item a seguir, houve um aumento ou uma diminuição? De quantas unidades?

a) + 10 → – 5

b) – 5 → + 3

c) – 7 → – 4

d) – 2 → – 8

120 Roger tem duas contas bancárias com saldos negativos que juntas totalizam – R$ 620,00. Se o saldo de uma delas é de – R$ 280,00, qual é o saldo da outra?

121 Um avião partiu de um aeroporto situado a 800 metros acima do nível do mar, com tempo bom e temperatura de 26ºC. Ao atingir altitude máxima, de 5200 metros acima do nível do mar, o piloto avisou que a temperatura externa era de – 40ºC. Calcule as diferenças entre:

a) a altitude inicial e altitude máxima do avião, em relação ao nível do mar;

b) a temperatura no aeroporto e a temperatura externa na altitude máxima.

122 Em – 29 (29 a.C.), o imperador Augusto faleceu e deixou o poder com seu filho Raul, que governou até falecer no ano + 35 (35 d.C.). Quantos anos durou o reinado de Raul?

Resp: **105** – 15 e + 9 ; – 9 e + 3 ; – 5 e – 1 ; – 4 e – 2 **106** + 6; – 23; – 6; + 1; + 18 e – 11 **107** a) 21 anos b) 69 a.C. c) 39 anos **108** a) A = – 10; B = – 3; C = – 7; D = – 1; E = – 2; F = – 5 b) A = – 11; B = + 12; C = – 3; D = – 12; E = – 8; F = – 20 **109** 44 a.C. **110** 20 ; 22 ; 14 – 38 ; – 26 ; – 33 **111** 1060 pontos **112** 633 metros de distância **113** 36 anos

123 Qual é o valor da adição do sucessor do – 41 e o antecessor do + 73?

---

124 Dois dos maiores filósofos são Platão e Sócrates, ambos nasceram em Atenas. O filósofo Sócrates nasceu no ano de 470 a.C. e o matemático e filósofo Platão nasceu em 428 a.C. Quem nasceu primeiro? Quantos anos separam os nascimentos dessas duas figuras históricas?

---

125 Dados a = – 11, b = + 9, c = – 8 e d = – 14, determine o valor de:

a) – a + b + c – d =

b) a – b – c – d =

---

126 Patrícia tem dois filhos, Zeca e Leandro. O saldo bancário de Zeca é de – R$ 380,00 e o saldo de Leandro é de – R$ 450,00. Preocupada com os juros altos que seus filhos podem pagar, decidiu quitar suas dívidas. Ao consultar sua conta, percebeu que o saldo é de R$ 790,00. Patrícia conseguirá saldar as dívidas de seus filhos? Quanto sobrará ou faltará para isso?

127 Coloque os números a seguir em ordem crescente.

– 9	+ 4	0	+ 1	– 3	+ 7	– 7	– 4

128 Complete cada lacuna com o número que torna a operação verdadeira.

+ 6 + ☐ = + 9
+ 6 + ☐ = + 4
+ 6 + ☐ = + 1
+ 6 + ☐ = 0
+ 6 + ☐ = – 3
+ 6 + ☐ = – 7

– 4 + ☐ = + 9
– 4 + ☐ = + 4
– 4 + ☐ = + 1
– 4 + ☐ = 0
– 4 + ☐ = – 3
– 4 + ☐ = – 7

129 O limite do cheque especial da conta de Ana Cláudia é de R$ 1250,00, ou seja, ela pode ficar devendo no máximo 1250 reais. Se a conta estiver com saldo de – R$ 930,00, qual é o máximo que ela ainda pode gastar utilizando seu cartão vinculado a essa conta?

130 Qual é o resultado da adição dos 4 maiores números inteiros negativos?

131 Qual é o resultado da adição dos 3 menores pares não negativos?

Resp: **114** a) – 11 b) – 9 c) + 9 **115** + 8 **116** – 10 **117** + 5 **118** – 48
119 a) diminuição de 15 b) aumento de 8 c) aumento de 3 d) diminuição de 6 **120** – 340 reais
121 4400 m e 66°C **122** 63 anos

132 A figura abaixo mostra as 4 primeiras rodadas de um jogo de dardos entre Enzo e Felipe. Ainda falta uma rodada, ou seja, cada um jogará mais um dardo.

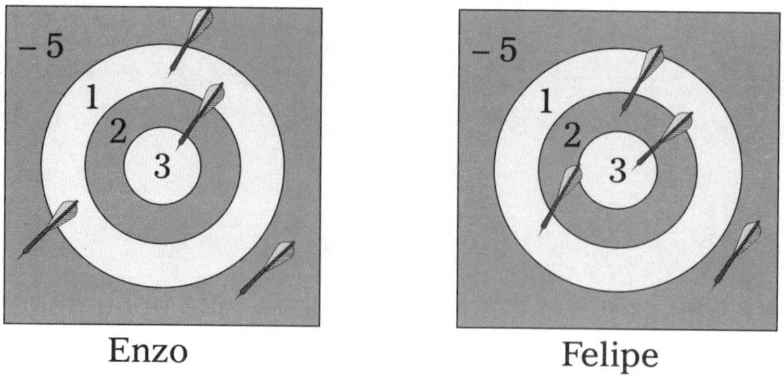

a) Qual a pontuação de Enzo e Felipe até a 4ª rodada?

b) É possível que Enzo ganhe o jogo? Justifique sua resposta.

---

133 O diagrama a seguir representa um jogo de dardos disputado por Telma, Xing e Cinara. Cada região tem uma pontuação diferente, os triângulos representam os dardos lançados por Telma, os xis representam os dardos lançados por Xing e os círculos representam os dardos lançados por Cinara. Cada jogador tem direito a arremasar 5 dardos. Após as cinco rodadas, é preciso calcular a soma dos pontos obtidos nos lançamentos de cada participante para decidir quem foi o vencedor. Cada jogador já atirou 4 dardos. Responda.

a) Qual é a pontuação de cada um dos participantes após os 4 primeiros arremessos?

b) É possível que ao final das 5 rodadas, os três participantes terminem empatados? Justifique.

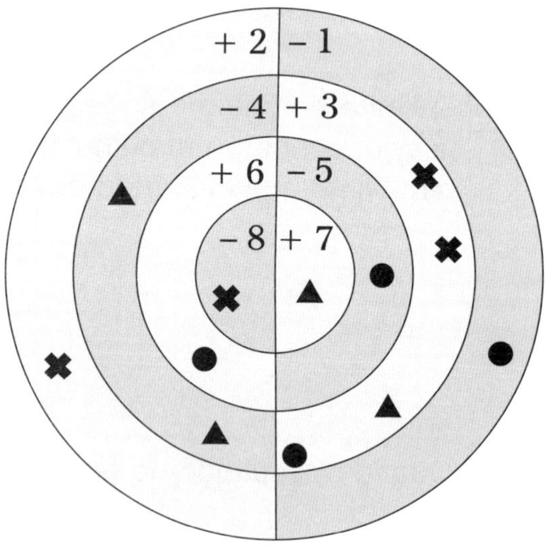

---

134 Um alimento estava a uma temperatura de 48°C e foi colocado em um freezer. 2 horas depois a temperatura desse alimento diminuiu 121°C. Qual a nova temperatura desse alimento?

135 Quantos anos tinha uma pessoa que nasceu no ano 9 a.C. e morreu no ano 57 d.C.?

---

136 O matemático e filósofo Pitágoras nasceu no ano de 570 a.C. e morreu com 75 anos de idade. Em que ano Pitágoras morreu?

---

137 No mesmo instante, um termômetro na Sibéria marca – 28ºC e um termômetro em Recife marca 33ºC. Faça uma reta numérica, represente o 0 (zero) e os dois números inteiros marcados nos termômetros e responda qual a diferença de temperatura marcada entre os dois termômetros?

---

138 Dados a = – 17, b = + 24, c = – 31 e d = – 15, determine o valor de:

a) – a + b + c + d =

b) a + b – c – d=

c) – a – b – c + d =

Resp: **123** 32 **124** Sócrates. 42 anos. **125** a) + 26 b) + 2 **126** Faltará 40 reais.

127 $-9 < -7 < -4 < -3 < 0 < 1 < 4 < 7$

128

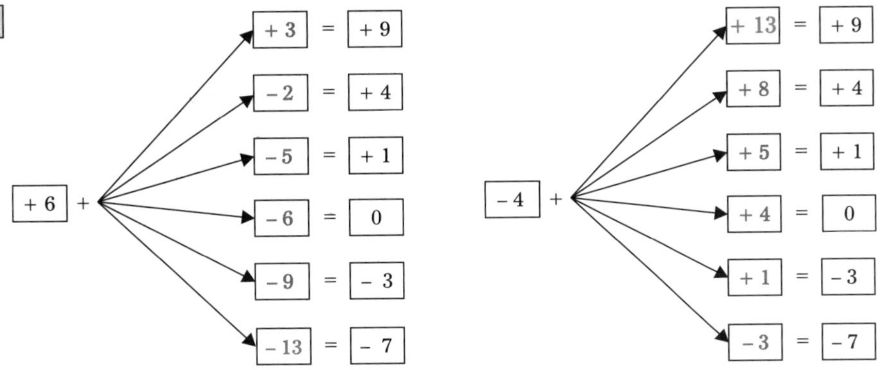

129 320 reais. **130** – 10 **131** + 6

139 Calcule o valor da soma entre o antecessor de – 15 e o sucessor de + 23.

140 Leia as informações e responda as perguntas:

Arquimedes, nasceu em 287 a.C.

Octávio Augusto, nasceu em 63 a.C.

a) Quem nasceu primeiro, Arquimedes ou Octávio Augusto?

b) Se Octávio Augusto morreu em 14 d.C., quantos anos ele viveu?

c) Arquimedes viveu 75 anos, que ano ele morreu?

d) Quantos anos se passaram entre a morte de Arquimedes e o nascimento de Octávio Augusto?

Multiplicação e divisão de números racionais relativos

Multiplicação de dois números com sinais iguais	⇒	Resultado positivo
Multiplicação de dois números com sinais diferentes	⇒	Resultado negativo

Essa mesma regra vale para a divisão.

Resumindo:

dois sinais iguais	dois sinais diferentes
$(+) \cdot (+) = (+)$	$(+) \cdot (-) = (-)$
$(-) \cdot (-) = (+)$	$(-) \cdot (+) = (-)$

141 Dê os resultados das multiplicações e divisões seguintes:

a) $(+3) \cdot (-2) =$	b) $(-4) \cdot (-5) =$	c) $(-1) \cdot (+12) =$
d) $(+7) \cdot (+5) =$	e) $(-12) : (-6)$	f) $(+24) : (-3) =$
g) $(-25) : (+5) =$	h) $(+18) : (+2) =$	i) $6 \cdot (-9) =$
j) $8 \cdot (+8) =$	k) $(+6) \cdot 7 =$	l) $(-8) \cdot 2 =$
m) $-4 \cdot (+8) =$	n) $-7 \cdot (-7) =$	o) $0 \cdot (-3) =$
p) $(+15) \cdot 0 =$	q) $(-81) : (-9) =$	r) $(+36) : (-4) =$

Resp: **132** a) Enzo: – 6 e Felipe: + 1 b) Sim, se Enzo acertar na região do + 3 e Felipe acertar na região do – 5.

133 a) Telma: + 2Xing: 0 Cinara: + 3

b) Impossível. Para que os três terminem empatados, Telma e Xing tem que terminar com a mesma pontuação. Antes da última rodada, esses dois competidores têm 2 pontos de diferença, sendo Telma na frente. Com isso, para que terminem empatados, Xing tem que fazer exatamente 2 pontos a mais que Telma. Observando as pontuações disponíveis no jogo, é impossível que, em uma jogada, um competidor faça exatamente 2 pontos a mais que outro.

134 – 73°C **135** 65 anos **136** 495 a.C. **137** 61°C **138** a) – 5 b) + 53 c) + 9

142 **Potenciação**:

Vamos relembrar:

$$2^4 = \underbrace{2 \cdot 2 \cdot 2 \cdot 2}_{\text{4 fatores iguais a 2}} = 16$$

$$\begin{cases} 2 \text{ é a base da potência} \\ 4 \text{ é o expoente da potência} \\ 2^4 \text{ é a potência} \end{cases}$$

Agora, calcule as seguintes potências (cuidado, sempre, com o sinal do resultado; quando for (+), pode omiti-lo):

a) $3^2 = 3 \cdot 3 =$

b) $(-2)^3 = (-2) \cdot (-2) \cdot (-2) =$

c) $(-3)^4 =$

d) $(+9)^2 =$

e) $(-1)^5 = (-1)(-1)(-1)(-1)(-1) =$

f) $(-8)^2 =$

g) $(+4)^3 = 4^3 =$

h) $(-1)^6 =$

i) $(-1)^7 =$

j) $(+1)^4 =$

k) $(+1)^3 =$

l) $(-1)^{16} =$

m) $(-1)^{19} =$

n) $(+1)^{19} =$

o) $2^0 =$

p) $(-2)^0 =$

Conclusão

Complete usando **positivo** ou **negativo**:

(Base negativa)^{par}	=	**Resultado**	
(Base negativa)^{ímpar}	=	**Resultado**	
(Base positiva)$^{par\ ou\ ímpar}$	=	**Resultado**	

143 Neste exercício, observe cuidadosamente se o sinal está dentro ou fora dos parênteses. Analise os exemplos resolvidos e depois calcule as outras potências.

a) $(-2)^4 = \overbrace{(-2)(-2)}^{(+)}\overbrace{(-2)(-2)}^{(+)} = +16 = 16$

Note que a base é (-2).

b) $-2^4 = -(2 \cdot 2 \cdot 2 \cdot 2) = -16$

Neste caso a base é 2.

Agora, efetue os outros itens:

c) $(-3)^2 =$	d) $-3^2 =$
e) $(-5)^3 =$	f) $-5^3 =$
g) $(+1)^4 =$	h) $+1^4 =$
i) $(-1)^{10} =$	j) $-1^{10} =$
k) $(-1)^9 =$	l) $-1^9 =$
m) $(-6)^0 =$	n) $-6^0 =$
o) $(+7)^0 =$	p) $+7^0 =$

Resp: **139** + 8 **140** a) Arquimedes b) 76 anos c) 212 a.C. d) 149 anos
141 a) – 6 b) 20 c) – 12 d) 35 e) 2 f) – 8 g) – 5 h) 9 i) – 54 j) 64 k) 42 l) – 16 m) – 32 n) 49 o) 0 p) 0 q) 9 r) – 9

144 Agora vamos relembrar a "**adição algébrica de números inteiros relativos**".

Use a estratégia do saldo bancário:

depósito ou saldo positivo ⟶ (+)	cheque (ou Pix) pago ou saldo negativo ⟶ (–)

(**número sem sinal = número positivo**)

a) 9 – 2 =	b) 3 – 5 =
c) – 3 – 6 =	d) 7 + 2 =
e) – 8 + 4 =	f) – 5 + 9 =
g) 17 – 17 =	h) – 35 + 35 =
i) 12 – 9 =	j) 15 – 17 =
k) – 43 – 5 =	l) 32 + 9 =
m) – 23 + 20 =	n) – 29 + 31 =

145 Agora, vamos "misturar" as operações:

Soma algébrica ↕ Saldo bancário	Multiplicação e Divisão ↕ Regra de Sinais

Efetue:

a) 7 – 2 =	b) (+ 7) · (– 2) =
c) – 7 + 4 =	d) (– 7) · (+ 4) =
e) – 4 – 4 =	f) (– 4) · (– 4) =
g) 3 – 7 =	h) (+ 3) · (– 7) =
i) – 2 + 9 =	j) (– 2) · (+ 9) =
k) 4 + 3 =	l) (+ 4) · (+ 3) =
m) 12 – 3 =	n) (+ 12) : (– 3) =
o) – 20 + 5 =	p) (– 20) : (+ 5) =
q) – 28 – 7 =	r) (– 28) : (– 7) =
s) 24 + 8 =	t) (+ 24) : (+ 8) =
u) – 36 + 6 =	v) (– 36) : (+ 6) =
w) 4 – 32 =	x) (– 32) : (+ 4) =

146 Observe os exemplos de **eliminação** de **parênteses**:

$-(+3) = -3$ $\quad$ $+(+6) = +6 = 6$

$-(-4) = +4 = 4$ $\quad$ $+(-7) = -7$

Agora, calcule os conteúdos dos parênteses e a seguir dê o resultado mais simples de cada item. (Observe o item (a), já resolvido).

a) $(6 - 12) - (-5 - 9) =$
$= (-6) - (-14) =$
$= -6 + 14 = +8 = 8$

b) $-(13 - 5) - (8 - 15) =$
$=$

c) $-(6 + 8 - 5) + (-11 + 19) =$
$=$

d) $(-9 - 4) + (3 - 4 + 11) =$
$=$

e) $(-2 - 4) \cdot (-1 + 10) =$
$=$

f) $(-11 + 3) \cdot (-1 - 2 - 4) =$
$=$

g) $(6 - 8 + 9) \cdot (-4 + 10) =$
$=$

h) $(2 - 12 + 19) \cdot (2 - 5 - 5) =$
$=$

i) $(-65 + 2) : (3 + 4) =$
$=$

j) $(20 + 50 - 14) : (-12 + 20) =$
$=$

k) $(-60 + 12) : (15 - 8 - 13) =$
$=$

l) $(33 - 4 + 7) : (-1 + 6 - 9) =$
$=$

m) $[(-72) : (-6 - 3)] \cdot (-15 + 9) =$
$=$

Resp: **142** a) 9 b) – 8 c) 81 d) 81 e) – 1 f) 64 g) 64 h) 1 i) – 1 j) 1 k) 1 l) 1 m) – 1 n) 1 o) 1 p) 1 **143** a) 16 b) – 16 c) 9 d) – 9 e) – 125 f) – 125 g) 1 h) 1 i) 1 j) – 1 k) – 1 l) – 1 m) 1 n) – 1 o) 1 p) 1

Problemas com Multiplicação e Divisão de Números Inteiros

147 Determine o valor de cada letra e a seguir coloque-as em ordem crescente:

A = (– 9)(– 6) B = (+ 7)(– 8) C = (– 5)(+ 11) D = (+ 7)(+ 10)

148 Complete cada lacuna com o número que torna a multipicação verdadeira.

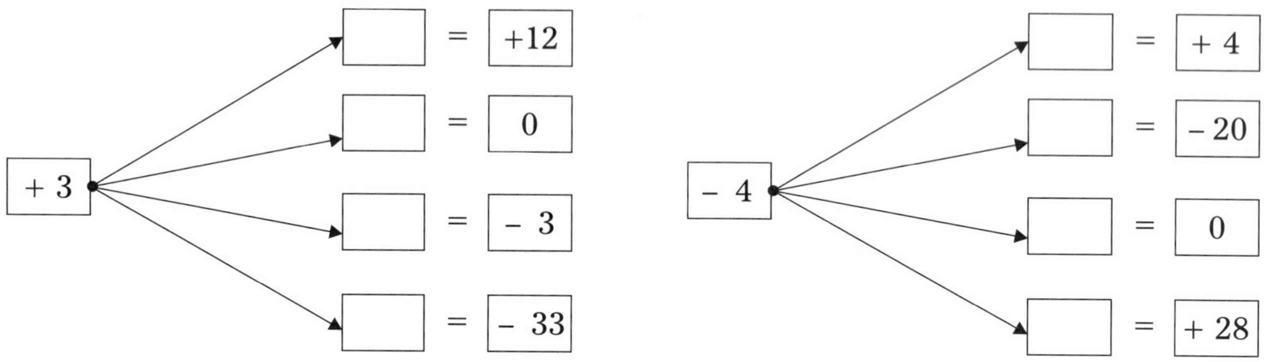

149 Com os números – 18, – 9, – 6, – 3, + 2, + 4, + 6 e + 12, sem repeti-los, preencha as fichas abaixo de modo que o produto de cada uma seja – 36.

150 Dados a = – 7, b = + 4, c = – 3 e d = – 5, determine o valor de:

a) $a \cdot c + b \cdot d =$

b) $-a - c + b \cdot d =$

c) $b \cdot c \cdot d + a =$

151 Cada letra equivale à multiplicação dos números das duas casas imediatamente abaixo. Determine o valor de cada letra da pirâmide.

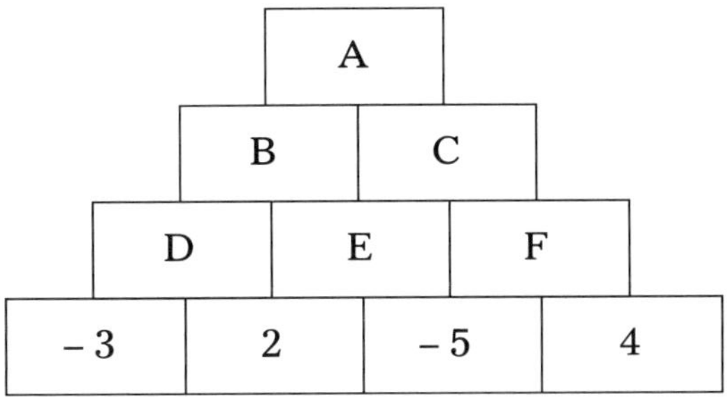

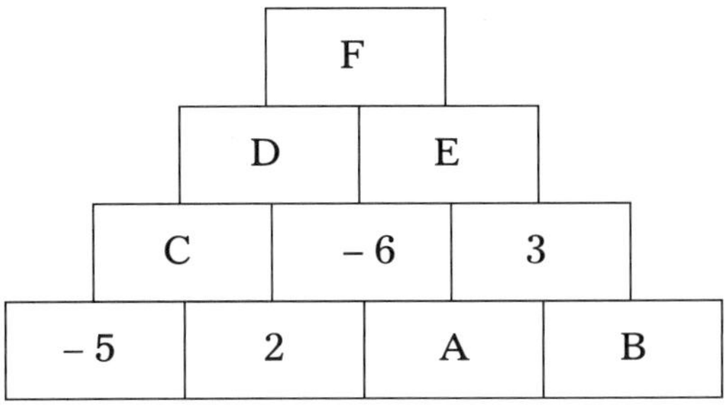

152 Complete a tabela sabendo que cada retângulo é resultado da multiplicação do 1º elemento da sua linha com o 1º elemento da sua coluna.

	+ 8	**– 7**	**– 12**
– 1			
– 9			
+ 15			

153 Qual é o resultado da multiplicação dos 4 maiores números inteiros negativos?

154 Sabendo que a multiplicação de 3 números inteiros tem resultado negativo, quais as possibilidades de sinais desses 3 números?

Resp: **144** a) 7 b) – 2 c) – 9 d) 9 e) – 4 f) 4 g) 0 h) 0 i) 3 j) – 2 k) – 48 l) 41 m) – 3 n) 2 **145** a) 5 b) – 14 c) – 3 d) – 28 e) – 8 f) 16 g) – 4 h) – 21 i) 7 j) – 18 k) 7 l) 12 m) 9 n) – 4 o) – 15 p) – 4 q) – 35 r) 4 s) 32 t) 3 u) – 30 v) – 6 w) – 28 x) – 8 **146** a) 8 b) – 1 c) – 1 d) – 3 e) – 54 f) 56 g) 42 h) – 72 i) – 9 j) 7 k) 8 l) – 9 m) – 48

155 Sabendo que a multiplicação de 5 números inteiros tem resultado positivo, quais as possibilidades de sinais desses 5 números?

---

156 Sabendo que a multiplicação de 6 números inteiros tem resultado negativo, quais as possibilidades de sinais desses 6 números?

---

157 Junte dois a dois e três a três, de todos os modos possíveis, com multiplicações, os números indicados nos retângulos e dê o resultado obtido em cada caso. (Dica: 6 casos ao juntar 2 a 2 e 4 casos ao juntar 3 a 3)

– 9	+ 2	– 5	+ 8

---

158 Qual o sinal do resultado da multiplicação de 30 números inteiros, sendo que 17 são positivos e 13 são negativos?

159 Preencha toda a pirâmide seguindo as regras a seguir:

- Para encontrar cada elemento do 2º andar, deve-se somar os valores dos dois retângulos logo abaixo.
- Para encontrar cada elemento do 3º andar, deve-se subtrair os valores dos dois retângulos logo abaixo, efetuando o da esquerda menos o da direita.
- Para encontrar cada elemento do 4º andar, deve-se dividir os valores dos dois retângulos logo abaixo, efetuando o da esquerda dividido pelo da direita.
- Para encontrar cada elemento do 5º e 6º andar, deve-se multiplicar os valores dos dois retângulos logo abaixo

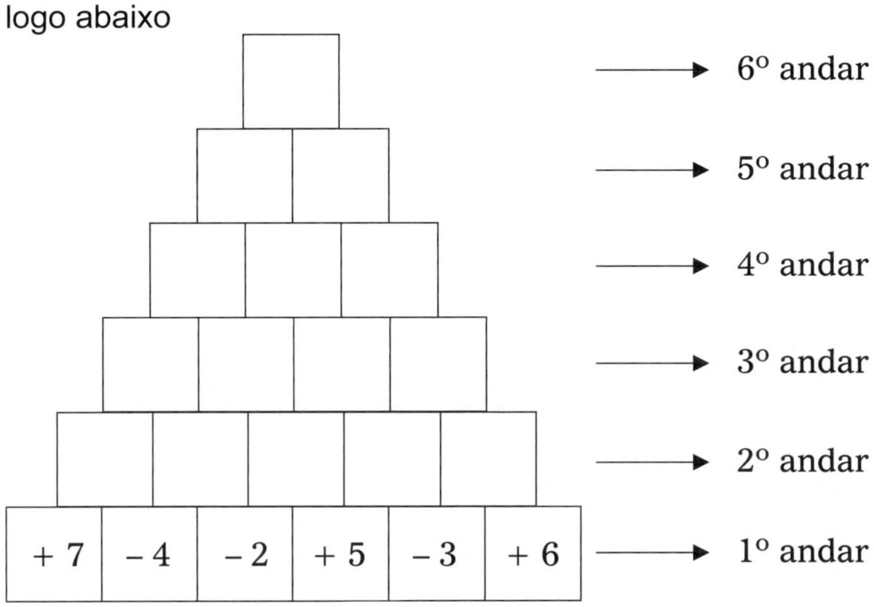

160 Complete a tabela.

a	b	a · b	a – b	c	(a – b) : c
9	3	27	6	– 2	
– 18	2	– 36		– 2	
– 12	6		– 18		9
– 15	2			1	– 17
– 61	– 7				– 9

Resp: **147** A = 54 ; B = – 56 ; C = – 55 ; D = 70. B < C < A < D.

148

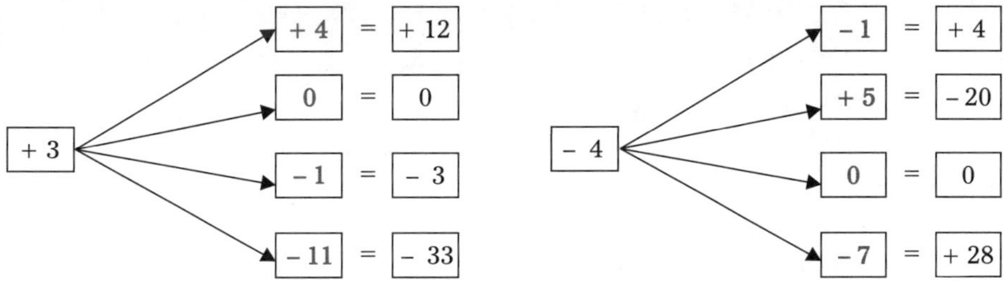

149 – 18 e + 2 ; – 9 e + 4 ; – 6 e + 6 ; – 3 e + 12

150 a) + 1 b) – 10 c) + 53

151 A = + 12000; B = + 60; C = 200; D = – 6; E = – 10; F = – 20 e A = – 3; B = – 1; C = – 10; D = 60; E = – 18; F = – 1080

152

	+ 8	– 7	– 12
– 1	– 8	+ 7	+ 12
– 9	– 72	+ 63	+ 108
+ 15	+ 120	– 105	– 180

153 + 24

154 os 3 números são negativos ou 1 é negativo e os outros 2 números são positivos.

161 Primeiro, efetue as potências; em seguida elimine os parênteses e, ao final, calcule as somas algébricas. (Observe o item (a), resolvido).

a) $-(-2)^3 - (-2)^2 =$
$= -(-8) - (+4) =$
$= +8 - 4 = 4$

b) $-(+3)^2 + (-2)^4 =$

$=$

c) $(+1)^4 + (+2)^3 - (+3)^2 =$

$=$

d) $(-1)^{20} - (-1)^{21} - (+1)^{40} =$

$=$

e) $(-9)^2 - (-8)^2 - (-7)^2 =$

$=$

f) $(5 - 7)^2 - (-3^4) =$

g) $-1^{10} - (-1)^{11} - (+1)^{11} - 1^{12} =$

162 **Expressões aritméticas com números relativos (positivos ou negativos).**

Lembre-se da ordem das operações:

1°) Potências e raízes
2°) Multiplicações e divisões.
3°) Adições algébricas.

E também dos sinais de prioridade:

1°) Resolver os parênteses.
2°) Resolver os colchetes.
3°) Resolver as chaves.

ATENÇÃO: não pule passagens.

a) $2 + 3 \cdot 4 =$
(cuidado com a ordem!)

162 b) $(-3)\cdot(-2)-(-4)\cdot(+6)=$c)
=

c) $-(+28):(-7)+(-5)\cdot(-9)=$
=

d) $-7+4\cdot(-8)=$
=

e) $(-2)\cdot(-1)\cdot(-3)\cdot(-4)+(-2)^2+(-2)^3=$
=

f) $\sqrt{81}\cdot(-2+9)+(15-17)\cdot\sqrt{121}-\sqrt{169}\cdot(31-34)=$
=

g) $(-2)^2-(-2)^3-(-2)^4+\sqrt{144}=$
=

h) $-3^2+(-3)^2-3^4+(-3)^4-\sqrt{225}=$
=

i) $[1+3\cdot(-4)]\cdot[-20-4\cdot(-7)]-[7\cdot8-(-2)\cdot20]:[-36-3\cdot(-8)]=$
=

Resp: **155** 1ª possibilidade: Todos positivos 2ª possibilidade: 3 positivos e 2 negativos 3ª possibilidade: 1 positivo e 4 negativos

156 1ª possibilidade: 1 negativo e 5 positivos 2ª possibilidade: 3 negativos e 3 positivos

3ª possibilidade: 5 negativos e 1 positivo

157 dois a dois: – 18; 45; – 72; – 10; 16; – 40 Três a três: 90; – 80; + 360; – 144

158 negativo.

159 2º andar: + 3, – 6, + 3, + 2, + 3 3º andar: + 9, – 9, + 1, – 1 4º andar: – 1, – 9, – 1 5º andar: + 9, + 9 6º andar: + 81

160

					– 3
			– 20		+10
		– 72		– 2	
		– 30	– 17		
		+ 427	– 54	6	

162 j) $(-5) \cdot \{-5 \cdot [8 : 2 - 6]^2 - [-1 - 9 : 3]^3\} =$

$=$

---

k) $\{(-17) \cdot [5 - 10 : (+2)]^6 - (1 - 2)^6 \cdot (-144)\} : (-24) =$

$=$

---

l) $\{[2 \cdot (7^2 + 1) - 185] : (2 + 5 \cdot 3) - 112\} : \{-[(-2 - 3) \cdot 5 + (-2)^3] - (-4) \cdot [7 + 6 \cdot (-2)]\} =$

$=$

---

m) $\{(5 - 8)^3 \cdot (1 - 3)^3 - [(-1)^5 - 20^2] + 228\} : (-169) - [(5 + 2 \cdot 3 - 13)^2 \cdot (-204)] : [68 \cdot (11 - 8)] =$

$=$

NÚMEROS RACIONAIS (Q)

Todo número x que pode ser escrito na forma $\frac{a}{b}$ com **a** e **b** sendo números inteiros e **b** diferente de **zero**, é chamado número racional.

Indicamos o conjunto dos números racionais por **Q**, sugerido pela primeira letra da palavra quociente.

$$Q = \left\{ x \mid x = \frac{a}{b} \ \wedge \ a \in z \ \text{e} \ b \in z^* \right\}$$

Obs: 1) $\frac{2}{3}, \frac{3}{5}, \frac{-2}{7}, -\frac{5}{3}, \frac{8}{-9}, \frac{29}{3}$ e $\frac{5}{2}$ são números racionais.

2) $2 = \frac{2}{1}, 5 = \frac{5}{1}, -7 = \frac{-7}{1}$ e $0 = \frac{0}{1}$ são números racionais.

Então, todo numero inteiro é também número racional

Então: $N \subset Z \subset Q$

3) Números racionais, com **a** e **b** inteiros, $b \neq 0$ e $b \neq 1$ são chamados **números fracionários**.

$\frac{2}{3}, \frac{5}{6}, \frac{1}{5}, \frac{4}{2}, \frac{6}{3}$ e $\frac{20}{12}$ são números fracionários.

Leitura: $\frac{2}{3}$ = dois terços, $\frac{5}{2}$ = cinco meios, $\frac{3}{5}$ = três quintos, $\frac{1}{7}$ = um sétimo.

4) Na fração $\frac{a}{b}$, a é o **numerador** e b é o **denominador**

5) Se **a** for múltiplo de **b**, a fração $\frac{a}{b}$ é chamada **fração aparente**.

$\frac{12}{3}, \frac{10}{5}, \frac{21}{7}$ e $\frac{35}{5}$ são frações aparentes. São, respectivamente, iguais a 4, 2, 3 e 7.

6) Para os racionais potivos fracionários $\frac{a}{b}$, se $a < b$ a fração $\frac{a}{b}$ é chamada fração própria e se $a > b$ ela é chamada **fração imprópria**.

$\frac{2}{3}, \frac{5}{7}, \frac{8}{9}, \frac{1}{7}$ e $\frac{21}{30}$ são frações próprias. São números menores que 1.

$\frac{5}{3}, \frac{3}{2}, \frac{9}{5}$, e $\frac{21}{13}$ são frações impróprias. São números maiores que 1.

7) Cada número racional pode ser representado por infinitas frações. As frações que representam o mesmo número racional são chamadas **frações equivalentes**.

$$\frac{2}{3} = \frac{4}{6} = \frac{6}{9} = \frac{8}{12} = \frac{10}{15} = \ldots$$

$$-\frac{3}{7} = -\frac{6}{14} = -\frac{9}{21} = \ldots$$

$$3 = \frac{3}{1} = \frac{6}{2} = \frac{9}{3} = \frac{12}{4} = \ldots$$

8) Se **a** e **b** são primos entre si (o mdc entre a e b é 1), a fração $\frac{a}{b}$ é chamada **irredutível**. Todo racional pode ser escrito na forma irredutível.

$\frac{3}{7}, \frac{4}{15}, \frac{49}{25}$ são irredutíveis

$\frac{4}{6} = \frac{2}{3}$, $\frac{21}{35} = \frac{3}{5}$, $\frac{25}{30} = \frac{5}{6}$, $-\frac{20}{24} = -\frac{5}{6}$

Resp: **161** a) 4 b) 7 c) 0 d) 1 e) – 32 f) 85 g) – 2 **162** a) 14 b) 30 c) 49 d) – 39 e) 20 f) 80 g) 8 h) – 15 i) – 80

9) Todo número racional pode ser escrito na forma de **decimal exato** ou **decimal periódico**.

$$\frac{3}{5}=0,75\,,\ \frac{3}{2}=1,5 \quad \text{e} \quad \frac{1}{4}=0,25$$

$$\frac{1}{3}=0,333\ldots=0,\overline{3} \quad \left(\frac{1}{3}\ \text{é a geratriz da dízima periódica } 0,333\ldots\right)$$

$$\frac{5}{6}=0,8333\ldots=0,8\overline{3} \quad \left(\frac{5}{6}\ \text{é a geratriz da dízima periódica } 0,833\ldots\right)$$

10) Uma fração imprópria pode ser escrita como soma de um número inteiro com uma fração própria, que é escrita em forma de **número misto** (parte inteira ao lado esquerdo da fração própria).

$$\frac{7}{5}=\frac{5}{5}+\frac{2}{5}=1+\frac{2}{5}=1\frac{2}{5}\ ,\quad \frac{22}{5}=\frac{20}{5}+\frac{2}{5}=4+\frac{2}{5}=4\frac{2}{5}\,,$$

$$-\frac{10}{7}=-\left(\frac{7}{7}+\frac{3}{7}\right)=-\left(1+\frac{3}{7}\right)=-\left(1\frac{3}{7}\right)=-1\frac{3}{7}$$

11) Se o denominador de uma fração for 10, 100, 1000, etc, esta fração é chamada **fração decimal.**

e o número racional em questão pode ser escrito, facilmente, na forma de **número decimal**.

$$\frac{7}{10},\ \frac{3}{100},\ \frac{13}{1000}\ \text{e}\ \frac{148}{100}\ \text{são frações decimais.}$$

$$\frac{7}{10}=0,7\ \ (0,7\ \text{é número decimal}),\ \frac{3}{100}=0,03\ (\ 0,03\ \text{é número decimal})$$

12) A fração decimal de denominador 100 pode ser representada de um modo chamado **taxa centesimal** ou **porcentagem**.

$$\frac{21}{100}=21\%\ \ (\ \text{leitura: vinte e um por cento})$$

$$\frac{40}{100}=40\%\ (\ \text{leitura: quarenta por cento})$$

Representação na forma de diagrama.

Com alguns elementos em cada conjunto.

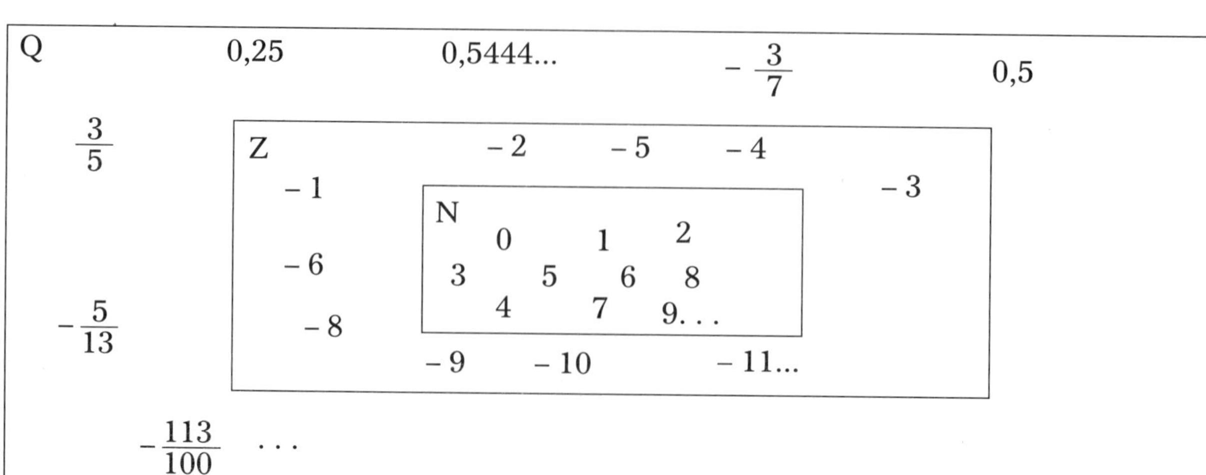

Interpretação geométrica

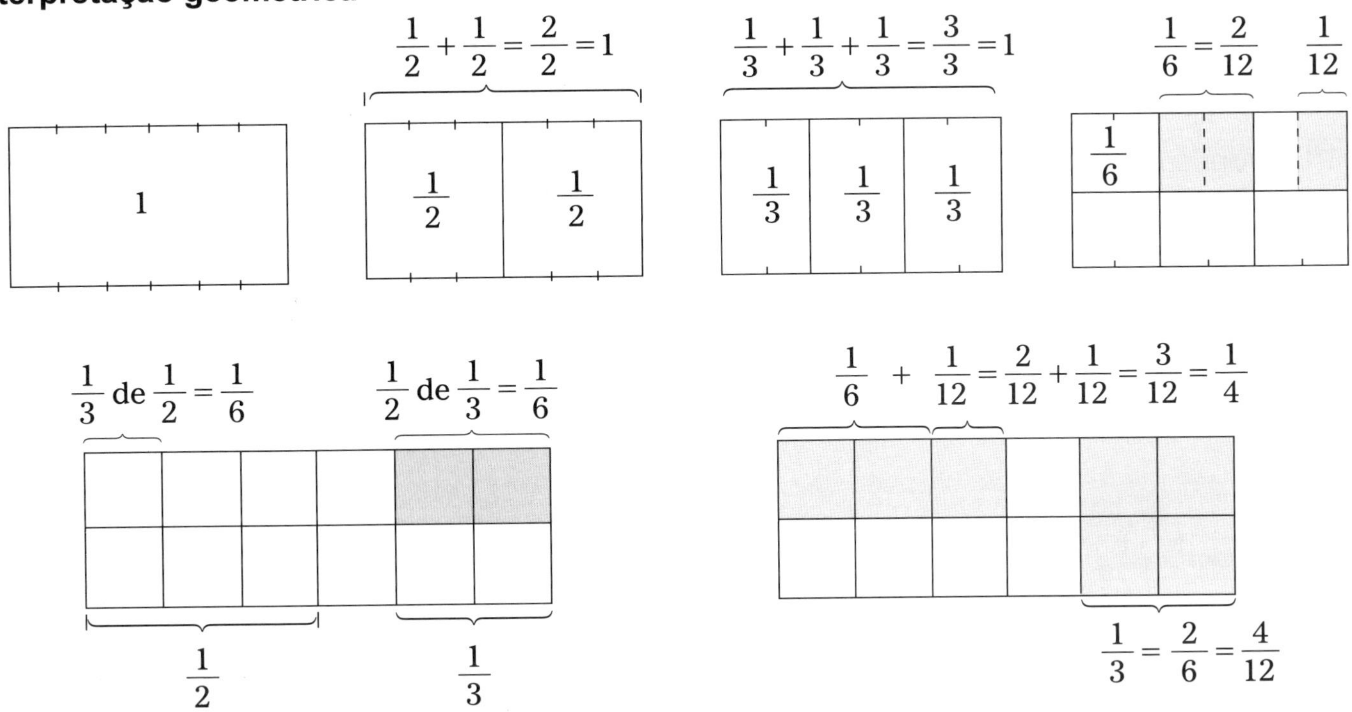

Os números racionais na reta numérica

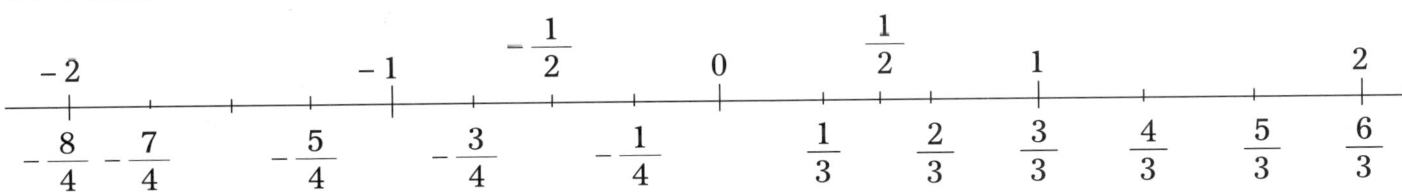

Note que: $-2<-\frac{7}{4}<-\frac{5}{4}<-1<-\frac{3}{4}<-\frac{1}{2}<-\frac{1}{4}<0<\frac{1}{3}<\frac{1}{2}<\frac{2}{3}<1<\frac{4}{3}<\frac{5}{3}<2$

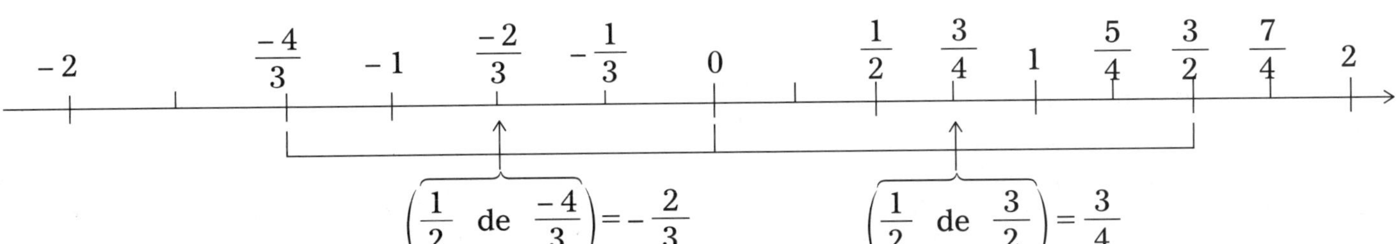

Propriedades em Q

Se **a** , **b** e **c** são números racionais, temos:

Propriedade do fechamento: $(a+b) \in Q$ e $(ab) \in Q$

Propriedade comutativa: a + b = b + a e ab = ba

Propriedade associativa: (a + b) + c = a + (b + c) e (ab) c = (bc)

Propriedade distributiva: a(b +c) = ab + ac

Elemento neutro: O 0 para a adição e o 1 para a multiplicação

$0 + a = a + 0 = a$ e $1 \cdot 0 = a \cdot 1 = a$

Existência do oposto (ou inverso aditivo ou simétrico): Para cada racional a existe o número racional que se indica por – a tal que a + (– a) = (– a) + a = 0

Existência do recíproco (ou inverso multiplicativo): Para cada racional **a**, diferente de **zero**, existe o número racional que se indica por $\frac{1}{a}$ ou a^{-1} tal que $a \cdot \left(\frac{1}{a}\right)=\frac{1}{a} \cdot a=1$

Resp: **162** j) – 220 k) – 6 l) – 9 m) – 1

Baseando-se nessas propriedades, provam-se, normalmente em cursos de ensino superior, as propriedades seguintes que, usaremos para simplificar as expressões que envolvem números racionais. Além das propriedades apresentadas no capítulo II temos:

P1 Propriedade de simplificação para a multiplicação:
$ab = ac,\ a \neq 0 \Rightarrow b = c$

P2 $\frac{a}{b} = 1 \Rightarrow a = b$

P3 $\frac{0}{a} = 0$, se $a \neq 0$

P4 $ab = 0 \Rightarrow a = 0 \vee b = 0$

P5 $\frac{a}{b} = \frac{ac}{bc}$, se $b \neq 0,\ c \neq 0$

P6 $\frac{a}{b} + \frac{c}{d} = \frac{ad + bc}{bd}$, se $b \neq 0,\ d \neq 0$

P7 $\frac{a}{b} \cdot \frac{c}{d} = \frac{ac}{bd}$, se $b \neq 0,\ d \neq 0$

P8 $\frac{a}{b} : \frac{c}{d} = \frac{ad}{bc}$, se $b \neq 0,\ c \neq 0,\ d \neq 0$

P9 $\frac{a}{b} = \frac{c}{d} \Leftrightarrow ad = bc$, se $b \neq 0,\ d \neq 0$

Simplicação

Usamos a propriedade $\frac{a}{b} = \frac{ac}{bc}, b \neq 0, c \neq 0$

Exemplos: 1) $\frac{20}{35} = \frac{4 \cdot 5}{7 \cdot 5} = \frac{4}{7}$ 2) $\frac{21}{56} = \frac{3 \cdot 7}{8 \cdot 7} = \frac{3}{8}$ 3) $\frac{6}{8} = \frac{3}{4}$

Adição e subtração

Usamos a propriedade $\frac{a}{b} + \frac{c}{d} = \frac{ad + bc}{bd},\ b \neq 0,\ d \neq 0$

Quando $b = d$ obtemos $\frac{a}{b} + \frac{c}{b} = \frac{ab + bc}{b \cdot b} = \frac{b\,(a + c)}{b \cdot b} = \frac{a + c}{b}$

Exemplos: 1) $\frac{5}{11} + \frac{2}{11} = \frac{5 + 2}{11} = \frac{7}{11}$ 2) $\frac{7}{8} - \frac{3}{8} = \frac{7 - 3}{8} = \frac{4}{8} = \frac{1}{2}$

3) $\frac{2}{3} + \frac{5}{4} = \frac{2 \cdot 4 + 3 \cdot 5}{3 \cdot 4} = \frac{8 + 15}{12} = \frac{23}{12}$ 4) $\frac{3}{4} + \frac{5}{6} = \frac{3 \cdot 6 + 5 \cdot 4}{4 \cdot 6} = \frac{18 + 20}{24} = \frac{38}{24} = \frac{19}{12}$

Neste caso há modo melhor:

$\frac{3}{4} + \frac{5}{6} = \frac{3 \cdot 3}{4 \cdot 3} + \frac{5 \cdot 2}{6 \cdot 2} = \frac{9}{12} + \frac{10}{12} = \frac{19}{12}$ Note que 12 = mmc (4, 6)

Multiplicação:

Usamos a propriedade $\frac{a}{b} \cdot \frac{c}{d} = \frac{ac}{bd},\ b \neq 0,\ d \neq 0$

Exemplos:

1) $\frac{2}{5} \cdot \frac{3}{7} = \frac{2 \cdot 3}{5 \cdot 7} = \frac{6}{35}$

2) $\frac{4}{5} \cdot \frac{7}{6} = \frac{4 \cdot 7}{5 \cdot 6} = \frac{28}{30} = \frac{14}{15}$ ou $\frac{4}{5} \cdot \frac{7}{6} = \frac{2}{5} \cdot \frac{7}{3} = \frac{14}{15}$

Divisão

Usamos a propriedade $\frac{a}{b} : \frac{c}{d} = \frac{ad}{bc}$, $b \neq 0,\ c \neq 0, d \neq 0$

Como $\frac{a}{b} \cdot \frac{d}{c} = \frac{ad}{bc}$, podemos transformar divisão em mulplicação:

$$\frac{a}{b} : \frac{c}{d} = \frac{a}{b} \cdot \frac{d}{c} = \frac{ad}{bc}$$

Exemplos:

1) $\frac{5}{7} : \frac{3}{2} = \frac{5}{7} \cdot \frac{2}{3} = \frac{10}{21}$

2) $\frac{8}{9} : \frac{5}{21} = \frac{8}{9} \cdot \frac{21}{5} = \frac{8}{3} \cdot \frac{7}{5} = \frac{56}{15}$

3) $\frac{7}{8} : 3 = \frac{7}{8} : \frac{3}{1} = \frac{7}{8} \cdot \frac{1}{3} = \frac{7}{24}$

Comparação de frações

1º Caso: Elas têm o mesmo denominador positivo.

A que tem o maior numerador é maior.

Exemplo:

$$\frac{5}{7}, \frac{3}{7}, \frac{-2}{7}, \frac{-4}{7}, \frac{1}{7} \Rightarrow \frac{-4}{7} < \frac{-2}{7} < \frac{1}{7} < \frac{3}{7} < \frac{5}{7}$$

2º Caso: Elas têm o mesmo numerador positivo.

A que tem o maior denominador é menor, deste que tenham o mesmo sinal, sendo que qualquer negativo e menor que qualquer positivo.

Exemplo:

$$\frac{13}{-2}, \frac{13}{5}, \frac{13}{3}, \frac{13}{21}, \frac{13}{-11}, \frac{13}{-6} \Rightarrow \frac{13}{-2} < \frac{13}{-6} < \frac{13}{-11} < \frac{13}{21} < \frac{13}{5} < \frac{13}{3}$$

3º Caso: Nem mesmo numerador e nem mesmo denominador

Basta verificar se é mais prático reduzir ao mesmo denominador positivo ou ao mesmo numerador positivo.

Exemplos:

1) $\frac{15}{4}, \frac{23}{6} \Rightarrow \frac{15 \cdot 3}{4 \cdot 3}, \frac{23 \cdot 2}{6 \cdot 2} \Rightarrow \frac{45}{12}, \frac{46}{12} \Rightarrow \frac{45}{12} < \frac{46}{12} \Rightarrow \frac{15}{4} < \frac{23}{6}$

2) $\frac{8}{23}, \frac{6}{17} \Rightarrow \frac{8 \cdot 3}{23 \cdot 3}, \frac{6 \cdot 4}{17 \cdot 4} \Rightarrow \frac{24}{69}, \frac{24}{68} \Rightarrow \frac{24}{69} < \frac{24}{68} \Rightarrow \frac{8}{23} < \frac{6}{17}$

Potenciação em Q

Para $n \in N$ e $a \in Q^*$ define-se: $a^0 = 1$ e $a^{n+1} = a^n \cdot a$

Para $a = 0$ e $n \in N^*$ define-se: $0^n = 0$

Para $a \in Q^*$ e $n \in N^*$ define-se: $a^{-n} = \frac{1}{a^n}$

Satisfeitas as condições da definição, temos as seguintes propriedades:

1) $a^n . a^n = a^{m+n}$ 2) $a^m : a^n = a^{m-n}$ 3) $(a^m)^n = a^{mn}$ 4) $(ab)^n = a^n b^n$

5) $\left(\frac{a}{b}\right)^n = \frac{a^n}{b^n}$ [ou $(a:b)^n = a^n : b^n$] 6) $\left(\frac{a}{b}\right)^{-n} = \left(\frac{b}{a}\right)^n$

163 Transformar o número misto dado em fração imprópria, nos casos:

Exemplos: 1) $2\frac{1}{3} = 2 + \frac{1}{3} = \frac{6+1}{3} = \frac{7}{3}$ 2) $3\frac{2}{5} = \frac{15+2}{5} = \frac{17}{5}$ 3) $5\frac{2}{3} = \frac{17}{3}$

$3\frac{1}{2} =$ | $5\frac{2}{5} =$ | $1\frac{1}{7} =$ | $2\frac{2}{7} =$

164 Transformar as seguintes frações impróprias em número misto:

Exemplos:

1) $\left.\frac{17}{5}\right\}$ $\left.\begin{matrix} 17 & \underline{|5} \\ 2 & 3 \end{matrix}\right\} \Longrightarrow \frac{17}{5} = 3\frac{2}{5}$ 2) $\frac{23}{5} = \frac{20+3}{5} = \frac{20}{5} + \frac{3}{5} = 4 + \frac{3}{5} = 4\frac{3}{5}$

$\frac{37}{7} =$ | $\frac{39}{5} =$ | $\frac{40}{9} =$ | $\frac{55}{17} =$

165 Transformar a fração dada em número decimal, nos casos, onde na forma irredutível o denominador não é divisor de uma potência de 10. Neste caso fazemos a divisão e o resultado é uma dízima periódica.

a) $\frac{5}{3} =$ b) $\frac{5}{6} =$ c) $\frac{7}{11} =$

166 Dada a fração geratriz, determinar a dízima periódica, nos casos:

a) $\frac{1}{3} =$ b) $\frac{2}{3} =$ c) $\frac{25}{11} =$

d) $\frac{5}{7} =$ e) $\frac{6}{7} =$

167 Operações com frações (Conjunto **Q** dos números racionais):

Simplifique, sempre, os resultados.

a) $-\frac{15}{12}+\frac{9}{12}=\frac{-15+9}{12}=$ ______

b) $\frac{5}{18}+\frac{1}{18}=$ ______

c) $\frac{32}{11}-\frac{10}{11}=$

d) $\frac{5}{6}-\frac{9}{6}=$

e) $-\frac{3}{10}+\frac{8}{10}=$

f) $-\frac{5}{14}-\frac{3}{14}=$

Nos próximos itens, reduza as frações ao menor denominador comum.

g) $\frac{3}{4}-\frac{5}{6}=$

h) $-\frac{1}{2}-\frac{3}{4}=$

i) $-\frac{1}{6}+\frac{3}{9}=$

j) $\frac{3}{10}+\frac{1}{5}=$

167 k) $-\frac{7}{4}+\frac{4}{3}=$

---

l) $\frac{17}{9}-\frac{5}{3}=$

---

m) $-\frac{10}{25}-\frac{1}{10}=$

---

n) $-\frac{1}{7}+\frac{3}{14}=$

---

o) $\frac{9}{11}+\frac{3}{33}=$

---

168 Lembre-se: dados dois números colocados na **Reta Numérica** (como na figura seguinte), o **maior** deles é o que está **à direita**.

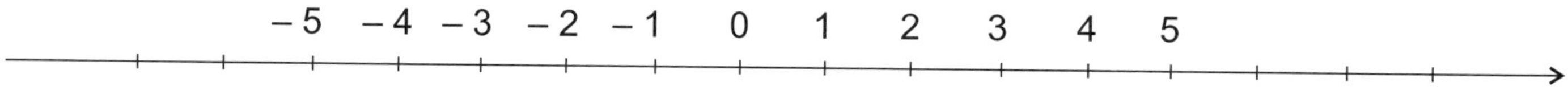

Consequentemente, o que está à **esquerda** é **menor**.

Exemplos: **5 > 2** (cinco é maior que dois).

Observe que o símbolo **>** "diminui" do 5 para o 2 portanto 5 é maior que 2.

– 4 < – 2 (menos quatro é menor que menos 2). O número – 4 está à esquerda do – 2 na Reta Numérica.

Observe que o símbolo **<** "aumenta" do – 4 para o – 2 portanto – 4 é menor que – 2.

Agora, localizando mentalmente os números dados na Reta Numérica, complete cada sentença usando apenas os símbolos < (menor), > (maior) ou = (igual).

a) 3____6	b) 4____0	c) 12____9
d) 0,4____$\frac{2}{5}$	e) (– 3)____(–5)	f) (– 7)____(– 1)
g) 0____(– 3)	h) 0____10	i) $\left(-\frac{1}{2}\right)$____(– 0,5)

168 j) – 12____15	k) 20____– 10	l) – 17____0
m) 63____52	n) – 45____37	o) – 72____– 73
p) 40____– 39	q) – 35____– 34	r) – 1027____– 1026

169 Dadas duas frações com **mesmo denominador**, a maior é a que tem maior numerador. Observe os exemplos:

$\frac{3}{5} > \frac{1}{5}$ $\frac{1}{4} < \frac{5}{4}$ $\frac{-2}{7} > \frac{-3}{7}$

$\frac{3}{4}$ e $\frac{5}{6}$ Reduza as frações ao menor denominador comum.

↓ ↓

$\frac{9}{12}$ e $\frac{10}{12}$

↓

$\frac{9}{12} < \frac{10}{12}$

↓

$\frac{3}{4} < \frac{5}{6}$

Agora, complete as sentenças seguintes usando apenas os símbolos < (menor) ou > (maior).

a) $\frac{3}{10}$ $\frac{7}{10}$	b) $\frac{2}{3}$ $\frac{10}{6}$	c) $\frac{3}{4}$ $\left(-\frac{1}{4}\right)$
d) $\left(-\frac{4}{5}\right)$ $\left(-\frac{7}{5}\right)$	e) $\left(-\frac{11}{2}\right)$ $\left(-\frac{9}{2}\right)$	f) $\left(-\frac{10}{4}\right)$ $\left(-\frac{3}{2}\right)$
g) $\frac{3}{2}$ $\frac{7}{4}$	h) $\left(-\frac{3}{5}\right)$ $\left(-\frac{7}{10}\right)$	i) $\left(-\frac{2}{9}\right)$ $\left(-\frac{1}{6}\right)$
j) 1,3____0,6	k) (– 1,7)____(– 0,5)	l) (– 2,4)____(– 3,2)

Resp: **163** $\frac{7}{2}, \frac{27}{5}, \frac{8}{7}, \frac{16}{7}$ **164** $5\frac{2}{7}, 7\frac{4}{5}, 4\frac{4}{9}, 3\frac{4}{17}$ **165** a) $1,666... = 1,\overline{6}$ b) $0,8333... = 0,8\overline{3}$ c) $0,6363... = 0,\overline{63}$ d) $0,\overline{714285}$ e) $0,\overline{857142}$ **166** a) $0,333... = 0,\overline{3}$ b) $0,666... = 0,\overline{6}$ c) $2,2727... = 2,\overline{27}$ **167** a) $-\frac{1}{2}$ b) $\frac{1}{3}$ c) 2 d) $-\frac{2}{3}$ e) $\frac{1}{2}$ f) $-\frac{4}{7}$ g) $-\frac{1}{12}$ h) $-\frac{5}{4}$ i) $\frac{1}{6}$ j) $\frac{1}{2}$

170 Dê os resultados mais simples para cada uma das seguintes **adições algébricas** com frações:

a) $\frac{5}{49} + \frac{23}{49} = \frac{5+23}{49} = \frac{28^{:7}}{49_{:7}} = \frac{4}{7}$

(Resolvido)

b) $\frac{11}{12} - \frac{19}{12} = \frac{}{12}$

c) $-\frac{25}{14} - \frac{17}{14} =$

d) $-\frac{9}{56} + \frac{81}{56} =$

e) $-\frac{5}{12} - \frac{7}{18} = \frac{}{36}$

f) $\frac{15}{50} - \frac{8}{20} =$

g) $-\frac{5}{6} + \frac{7}{4} =$

h) $\frac{12}{9} - \frac{13}{6} =$

171 Para multiplicar frações é muito importante tentar simplificá-las antes de efetuar os produtos; achar fatores comuns (qualquer numerador e qualquer denominador).

Nos itens seguintes dê, sempre, o resultado mais simples (observe o item resolvido).

a) $\left(-\frac{6}{11}\right)\cdot\left(-\frac{7}{10}\right) = +\frac{3}{11}\cdot\frac{7}{5} = \frac{21}{55}$ (Resolvido) (6 : 2 e 10 : 2)

b) $\left(-\frac{6}{33}\right)\cdot\left(+\frac{5}{7}\right) =$

c) $\frac{5}{2}\cdot\left(-\frac{6}{21}\right) =$

d) $\frac{10}{15}\cdot\left(+\frac{21}{26}\right) =$

e) $\left(-\frac{22}{7}\right)\cdot\left(-\frac{39}{15}\right)\cdot\left(-\frac{35}{34}\right) =$

f) $(-12)\cdot\frac{5}{24} =$

g) $\left(-\frac{1}{2}\right)\cdot\left(-\frac{3}{5}\right)\cdot\frac{15}{9} =$

h) $\left(-2+\frac{1}{3}\right)\cdot\left(1-\frac{3}{5}\right)\cdot\left(\frac{2}{3}-\frac{3}{2}\right) =$

Resp: **167** k) $-\frac{5}{12}$ l) $\frac{2}{9}$ m) $-\frac{1}{2}$ n) $\frac{1}{14}$ o) $\frac{10}{11}$

168 a) $3 < 6$ b) $4 > 0$ c) $12 > 9$ d) $0,4 = \frac{2}{5}$ e) $-3 > -5$ f) $-7 < -1$ g) $0 > -3$ h) $0 < 10$ i) $-\frac{1}{2} = -0,5$ j) $-12 < 15$ k) $20 > -10$ l) $-17 < 0$ m) $63 > 52$ n) $-45 < 37$ o) $-72 > -73$ p) $40 > -39$ q) $-35 < -34$ r) $-1027 < -1026$

169 a) $\frac{3}{10} < \frac{7}{10}$ b) $\frac{2}{3} < \frac{10}{6}$ c) $\frac{3}{4} > \frac{-1}{4}$ d) $-\frac{4}{5} > -\frac{7}{5}$ e) $-\frac{11}{2} < -\frac{9}{2}$ f) $-\frac{10}{4} < -\frac{3}{2}$ g) $\frac{3}{2} < \frac{7}{4}$ h) $-\frac{3}{5} > -\frac{7}{10}$ i) $-\frac{2}{9} < -\frac{1}{6}$ j) $1,3 > 0,6$ k) $-1,7 < -0,5$ l) $-2,4 > -3,2$

172 Determinar as seguintes potências:

Exemplos:

1) $(-3)^2 = (-3)(-3) = 9$

2) $(-2)^3 = (-2)(-2)(-2) = -8$

3) $(0{,}2)^3 = (0{,}2)(0{,}2)(0{,}2) = 0{,}008$

4) $(-0{,}3)^2 = (-0{,}3)(-0{,}3) = 0{,}09$

5) $-5^2 = (-5^2) = -(5 \cdot 5) = -25$

6) $-9^2 = -(9 \cdot 9) = -81$

7) $\left(-\frac{2}{3}\right)^3 = \left(-\frac{2}{3}\right) \cdot \left(-\frac{2}{3}\right)\left(-\frac{2}{3}\right) = -\frac{8}{27}$

8) $\left(-\frac{1}{7}\right)^2 = \left(-\frac{1}{7}\right)\left(-\frac{1}{7}\right) = \frac{1}{49}$

9) $5^{-2} = \frac{1}{5^2} = \frac{1}{25}$

10) $-2^{-3} = -(2^{-3}) = -\frac{1}{2^3} = -\frac{1}{8}$

a) $\left(-\frac{3}{5}\right)^2 =$	$\left(-\frac{2}{3}\right)^3 =$
b) $\left(-\frac{2}{3}\right)^4 =$	$(-0{,}2)^2 =$
c) $-\left(-\frac{5}{6}\right)^3 =$	$-(-0{,}4)^3 =$
d) $\left(-\frac{6}{7}\right)^3 =$	$-\left(-\frac{6}{7}\right)^3 =$
e) $-\left(\frac{7}{8}\right)^3 =$	$-\left(-\frac{4}{5}\right)^3 =$
f) $\left(-\frac{5}{7}\right)^3 =$	$\left(-\frac{5}{8}\right)^2 =$
g) $-\left(-\frac{5}{8}\right)^3 =$	$-\left(-\frac{6}{7}\right)^2 =$

173 Efetuar:

a) $(-2)^3 =$	$-(-2)^3 =$
b) $(-3)^3 =$	$-(-3)^3 =$
c) $\left(-\frac{2}{3}\right)^2 =$	$-\left(-\frac{2}{3}\right)^2 =$
d) $(-0{,}8)^2 =$	$-(-0{,}8)^2 =$
e) $\left(-\frac{3}{4}\right)^3 =$	$-\left(-\frac{3}{4}\right)^3 =$
f) $(-0{,}3)^3 =$	$-(-0{,}3)^3 =$
g) $\left(-\frac{1}{7}\right)^3 =$	$-\left(-\frac{5}{6}\right)^3 =$
h) $-\left(-\frac{4}{7}\right)^3 =$	$\left(-\frac{2}{3}\right)^4 =$

174 Efetuar:

a) $5^{-1} =$ | $3^{-2} =$ | $7^{-2} =$

b) $2^{-3} =$ | $2^{-4} =$ | $3^{-3} =$

c) $-2^{-3} =$ | $-3^{-3} =$ | $-5^{-2} =$

d) $-(-9)^{-2} =$ | $-(-5)^{-3} =$ | $[-(-2)^3]^{-2}$

175 Considerando as potências dadas, calcular as seguintes:

$11^2 = 121,\quad 12^2 = 144,\ 13^2 = 169,\quad 14^2 = 196,\quad 15^2 = 225,\quad 16^2 = 256$

a) $(-13)^2 =$ | $-14^2 =$ | $(-16)^2 =$

b) $\left(-\frac{12}{13}\right)^2 =$ | $-\left(\frac{14}{15}\right)^2 =$ | $\left(-\frac{13}{16}\right)^2 =$

c) $(-1{,}3)^2 =$ | $(0{,}13)^2 =$ | $(-1{,}4)^2 =$

d) $(-0{,}15)^2 =$ | $-(1{,}2)^2 =$ | $(-0{,}16)^2 =$

e) $(-1{,}1)^2 =$ | $(1{,}6)^2 =$ | $(-1{,}5)^2 =$

176 Como $17^2 = 289$, $18^2 = 324$, $19^2 = 361$, $21^2 = 441$, $22^2 = 484$, calcular:

a) $(-17)^2 =$ | $-19^2 =$ | $(-21)^2 =$

b) $\left(-\frac{21}{22}\right)^2 =$ | $\left(-\frac{18}{19}\right)^2 =$ | $-\left(\frac{17}{21}\right)^2 =$

c) $(1{,}9)^2 =$ | $(0{,}21)^2 =$ | $(-0{,}17)^2 =$

d) $(-1{,}8)^2 =$ | $-(0{,}19)^2 =$ | $(-2{,}2)^2 =$

e) $(-1{,}7)^2 =$ | $-(-2{,}1)^2 =$ | $(-0{,}22)^2 =$

177 Considerando as potências dadas, determinar as seguintes:

$5^3 = 125$, $6^3 = 216$, $7^3 = 343$, $8^3 = 512$, $5^4 = 625$, $6^4 = 1296$

a) $(-7)^3 =$ | $-7^3 =$ | $-6^4 =$

b) $(-6)^4 =$ | $(-6)^3 =$ | $(-5)^4 =$

c) $(-5)^3 =$ | $-(-5)^3 =$ | $-5^4 =$

d) $\left(-\frac{7}{8}\right)^3 =$ | $-\left(-\frac{5}{8}\right)^3 =$ | $\left(-\frac{5}{6}\right)^4 =$

e) $(-0{,}5)^4 =$ | $-(-0{,}7)^3 =$ | $-(-0{,}8)^3 =$

f) $-(-0{,}6)^3 =$ | $-(-0{,}6)^4 =$ | $-(-0{,}5)^3 =$

g) $-\left(-\frac{6}{7}\right)^3 =$ | $\left(-\frac{5}{6}\right)^3 =$ | $-\left(-\frac{5}{7}\right)^3 =$

Resp: **170** a) $\frac{4}{7}$ b) $-\frac{2}{3}$ c) -3 d) $\frac{9}{7}$ e) $-\frac{29}{36}$ f) $-\frac{1}{10}$ g) $\frac{11}{12}$ h) $-\frac{5}{6}$

171 a) $\frac{21}{55}$ b) $-\frac{10}{77}$ c) $-\frac{5}{7}$ d) $\frac{7}{13}$ e) $-\frac{143}{17}$ f) $-\frac{5}{2}$ g) $\frac{1}{2}$ h) $\frac{5}{9}$

RAIZ QUADRADA DE NÚMEROS RACIONAIS

Observe os exemplos resolvidos:

a)
$$\sqrt{144+25}=\sqrt{169}=13$$
$$\sqrt{144}+\sqrt{25}=12+5=17$$
diferentes

$$\sqrt{144+25}\stackrel{?}{=}\sqrt{144}+\sqrt{25}$$

Não vale a propriedade distributiva

(Raiz quadrada da adição)

b)
$$\sqrt{25-9}=\sqrt{16}=4$$
$$\sqrt{25}-\sqrt{9}=5-3=2$$
diferentes

$$\sqrt{25-9}\stackrel{?}{=}\sqrt{25}-\sqrt{9}$$

Não vale a propriedade distributiva

(Raiz quadrada da subtração)

c)
$$\sqrt{4\cdot 9}=\sqrt{36}=6$$
$$\sqrt{4}\cdot\sqrt{9}=2\cdot 3=6$$
iguais

$$\sqrt{4\cdot 9}\stackrel{?}{=}\sqrt{4}\cdot\sqrt{9}$$

Vale a propriedade distributiva

(Raiz quadrada da multiplicação)

d)
$$\sqrt{36:4}=\sqrt{\frac{36}{4}}=\sqrt{9}=3$$
$$\sqrt{36}:\sqrt{4}=\sqrt{\frac{36}{4}}=\frac{6}{2}=3$$
iguais

$$\sqrt{\frac{36}{4}}=\frac{\sqrt{36}}{\sqrt{4}}$$

Vale a propriedade distributiva

(Raiz quadrada da divisão)

Em estudo posteriores, você aprenderá que

$$\sqrt{\mathbf{a}\cdot\mathbf{b}}=\sqrt{\mathbf{a}}\cdot\sqrt{\mathbf{b}} \quad \mathbf{e} \quad \sqrt{\frac{\mathbf{a}}{\mathbf{b}}}=\frac{\sqrt{\mathbf{a}}}{\sqrt{\mathbf{b}}}\ (\mathbf{b}\neq \mathbf{0})$$

onde **a, b e Q**.

178 Calcule as raízes quadradas pedidas em cada item (observe os exercícios resolvidos).

a) $\sqrt{100} =$

b) $\sqrt{3600} = \sqrt{36 \cdot 100} = \sqrt{36} \cdot \sqrt{100} = 6 \cdot 10 = 60$

c) $\sqrt{\frac{49}{25}} = \frac{\sqrt{49}}{\sqrt{25}} = \frac{7}{5}$

d) $\sqrt{400} =$

e) $\sqrt{\frac{64}{81}} =$

f) $\sqrt{10\,000} = \sqrt{100 \cdot 100} =$

g) $\sqrt{90\,000} =$

h) $\sqrt{\frac{121}{36}} =$

i) $\sqrt{\frac{1}{100}} =$

j) $\sqrt{\frac{144}{100}} =$

i) $\sqrt{\frac{81}{10\,000}} =$

l) $\sqrt{\frac{196}{10\,000}} =$

m) $\sqrt{\frac{169}{10\,000}} =$

179 **Cuidado**: $\sqrt{0,9} = 0,3$ é **FALSO**

Observe: $0,3^2 = 0,3 \cdot 0,3 = 0,09$ e $\sqrt{0,09} = \sqrt{\frac{9}{100}} = \frac{\sqrt{9}}{\sqrt{100}} = \frac{3}{10} = 0,3$ portanto $\sqrt{\mathbf{0,09}} = \mathbf{0,3}$ ($\sqrt{0,9}$ não é um número racional). Após entender o exemplo resolvido acima, calcule as raízes quadradas de números decimais a seguir.

a) $\sqrt{0,49} = \sqrt{\frac{49}{100}} = \frac{\sqrt{49}}{\sqrt{100}} = \frac{7}{10} = 0,7$

b) $\sqrt{1,44} =$

c) $\sqrt{1,21} =$

d) $\sqrt{0,0081} = \sqrt{\frac{81}{10\,000}} =$

Resp: **172** a) $\frac{9}{25}, -\frac{8}{27}$ b) $\frac{16}{81}$, 0,04 c) $\frac{125}{216}$, 0,064 d) $-\frac{216}{343}, \frac{216}{343}$ e) $-\frac{343}{512}, \frac{64}{125}$ f) $-\frac{125}{343}, -\frac{25}{64}$ g) $\frac{125}{512}, -\frac{36}{49}$

173 a) – 8, 8 b) – 27, 27 c) $\frac{4}{9}, -\frac{4}{9}$ d) 0,64 . – 0, 64 e) $-\frac{27}{64}, \frac{27}{64}$ f) – 0,027 . 0,027 g) $-\frac{1}{343}, \frac{125}{216}$ h) $\frac{64}{343}, \frac{16}{81}$

174 a) $\frac{1}{5}, \frac{1}{9}, \frac{1}{49}$ b) $\frac{1}{8}, \frac{1}{16}, \frac{1}{27}$ c) $-\frac{1}{8}, -\frac{1}{27}, -\frac{1}{25}$ d) $-\frac{1}{81}, \frac{1}{125}, \frac{1}{64}$

175 a) 169, – 196, 256 b) $\frac{144}{169}, -\frac{196}{225}, \frac{169}{256}$ c) 1,69; 0,0169; 1,96 d) 0,0225; – 1,44; 0,0256 e) 1,21; 2,56; 2,25

176 a) 289 , – 361 , 441 b) $\frac{441}{484}, \frac{324}{361}, -\frac{289}{441}$ c) 3,61; 0,0441; 0,0289 d) 3,24; – 0,0361; 4,84 e) 2,89; – 4,41; 0,0484

177 a) – 343 , – 343 , – 1296 b) 1296 , – 216 , 625 c) – 125 , 125 , – 625 d) $-\frac{343}{512}, \frac{125}{512}, \frac{625}{1296}$ e) 0,0625; 0,343; 0,512 f) 0,216; – 0,1296; 0,125 g) $\frac{216}{353}, -\frac{125}{216}, \frac{125}{343}$

179 e) $\sqrt{64} =$

f) $\sqrt{0,0036} =$

g) $\sqrt{1,69} =$

h) $\sqrt{0,16} =$

180 Após entender os exemplos resolvidos, calcule as raízes quadradas pedidas.

a) Sabendo que $57^2 = 57 \cdot 57 = 3\,249$, calcule:

$\sqrt{3249} = \sqrt{57^2} = 57$

b) $\sqrt{32,49} = \sqrt{\dfrac{3249}{100}} = \dfrac{\sqrt{3249}}{\sqrt{100}} = \dfrac{57}{10} = 5,7$

c) $\sqrt{0,3249} =$

d) $\sqrt{324\,900} =$

e) Sabe-se que $34^2 = 34 \cdot 34 = 1156$. Calcule $\sqrt{1156} =$

f) $\sqrt{115\,600} =$

g) $\sqrt{11,56} =$

h) $\sqrt{0,1156} =$

i) Sabe-se que $123^2 = 123 \cdot 123 = 15\,129$. Calcule $\sqrt{15\,129} =$

j) $\sqrt{1512\,900} =$

k) $\sqrt{151,29} =$

l) $\sqrt{1,5129} =$

m) $\sqrt{0,015129} =$

181 Operando com os números na sua **forma decimal**, calcule:

a) $1{,}08 - 1{,}32 =$

1,32
1,08

b) $2{,}5 - 1{,}72 =$

c) $-0{,}74 + 0{,}325 =$

d) $3{,}137 - 3{,}2 =$

e) $-1{,}307 + 9{,}37 =$

f) $-10{,}7 - 103{,}253 =$

g) $(-0{,}3) \cdot (-0{,}9) + (-0{,}8) \cdot 0{,}6 =$

$=$

Rascunho

Resp: **178** a) 10 b) 60 c) $\frac{7}{5}$ d) 20 e) $\frac{8}{9}$ f) 100 g) 300 h) $\frac{11}{6}$ i) $\frac{1}{10}$ j) $\frac{12}{10} = \frac{6}{5}$ k) $\frac{9}{100}$ l) $\frac{44}{100} = \frac{7}{50}$ m) $\frac{13}{100}$ **179** a) 0,7 b) 1,2 c) 1,1 d) 0,09

181 h) $(-0{,}7)^2 - 0{,}8^2 =$

=

Rascunho

i) $(-0{,}3)^3 - (-0{,}2)^3 =$

=

Rascunho

j) $-0{,}32 \cdot 1{,}4 + 1{,}2 \cdot 0{,}46 =$

=

Rascunho

k) $-2{,}142 : 2{,}1 - 2{,}717 : 1{,}3 =$

CUIDADO!

=

Rascunho

EXPRESSÕES ALGÉBRICAS (OU LITERAIS)

São expressões que envolvem números e letras (também chamadas de variáveis ou incógnitas, dependendo do contexto).

Exemplos:

ATENÇÃO

$4xy = 4 \cdot x \cdot y$ = termo algébrico

coeficiente numérico: 4; parte literal: xy

$a = 1a = 1 \cdot a$ — coeficiente numérico: 1; parte literal: a

$-a = -1a = (-1) \cdot a$ — coeficiente numérico: -1; parte literal: a

Algumas operações com termos algébricos

$5x + 2x = 7x$

$3xy + xy + 5xy = 9xy$

$a + 4a = 5a$

$7y - 3y = 4y$

$3ab - 5ab = -2ab$

$2x - x + 4x = 5x$

$xy - 3xy - 7xy = -9xy$

Nota: dois termos algébricos com mesma parte literal são chamados de **termos semelhantes**.

$3 \cdot 2x = 6x$

$5 \cdot (-3y) = -15y$

$(-2) \cdot 4ab = -8ab$

$(-6) \cdot (-3x) = 18x$

$7 \cdot (x + y) = 7x + 7y$

$4 \cdot (2a - 3b) = 8a - 12b$

$(-2) \cdot (x - 2y) = -2x + 4y$

ATENÇÃO

$-3 \cdot (-a - 2b) = (-3) \cdot (-a - 2b) = 3a + 6b$

Resp: **179** e) 0,8 f) 0,06 g) 1,3 h) 0,4 **180** a) 57 b) 5,7 c) 0,57 d) 570 e) 34 f) 340 g) 3,4 h) 0,34 i) 123 j) 1230 k) 12,3 l) 1,23 m) 0,123 **181** a) – 0,24 b) 0,78 c) – 0,415 d) – 0,063 e) 8,063 f) – 113,953 g) – 0,21

182 Efetue o que se pede em cada item.

a) $12x + 8x =$

b) $x + 2x + 3x + 4x =$

c) $6a - 2a =$

d) $3y - 5y =$

e) $ab + 15ab =$

f) $4xy + xy - 7xy =$

g) $-3m - 2m =$

h) $x - 2x - 3x + 5x =$

i) $6 \cdot 4n =$

j) $5 \cdot (-2x) =$

k) $(-7) \cdot 3y =$

l) $(-8) \cdot (-4a) =$

m) $(-1) \cdot (-12xy) =$

n) $(-1) \cdot 3x =$

o) $12 \cdot 3a =$

p) $1 \cdot (-4mn) =$

q) $2x + y + 3x - 2y =$

r) $-3a + 2b + 4a =$

s) $5xy + x + xy - 3x =$

t) $6 + 4x - 8 - 3x =$

183 Efetue e simplifique. Observe o item (a) que já está resolvido.

a) $3 \cdot (7x + y + 2x) = 3 \cdot (9x + y) = 27x + 3y$

b) $2 \cdot (3a + 2b + a - 5b) =$

c) $(-4) \cdot (2x - 3y) =$

d) $(-5) \cdot (7a + 9b) =$

e) $3 \cdot (-2) \cdot (-a - 8ab) =$

f) $-1 \cdot (a - ab - 2b) =$

g) $7 \cdot (-2x + 5y + 3y - x) =$

Resp: **181** h) – 0,15 i) – 0,019 j) 0,104 k) – 3,11

183 h) $2 \cdot 4 \cdot (2ab - 3xy + ab - 6xy) =$

---

i) $-(x - 2xy - 3y) = (-1) \cdot (x - 2xy - 3y) =$

---

j) $2(x - 3y) - 3(y - 2x) =$

---

k) $(-4) \cdot (2x - 5) + 5(x + 6) =$

Valor numérico de uma expressão literal (VN)

Examinemos um exemplo: "Calcule o valor numérico (**VN**) que a expressão $\mathbf{x^2 + xy + 3y}$ assume quando $\mathbf{x = 2}$ e $\mathbf{y = 5}$".

Resolução: para resolver basta substituir **x por 2** e **y por 5** na expressão dada e, a seguir, calcular o valor numérico da expressão resultante.

Atenção: essas substituições são sempre feitas entre parênteses. Observe:

$x^2 + xy + 3y$ para $x = 2$ e $y = 5$

$VN = (2)^2 + (2) \cdot (5) + 3 \cdot (5) =$

$= 4 + 10 + 15 = 29$

Resposta: VN = 29

184 Calcule, em cada item, o valor numérico (**VN)** pedido.

a) $2x + 3y$ para $x = 4$ e $y = 5$.

VN = $2 \cdot (\quad) + 3 \cdot (\quad) =$

---

b) $3a + 4b$ para $a = 2$ e $b = -3$.

VN = $3 \cdot (\quad) + 4 \cdot (\quad) =$

---

c) $3a + 4b$ para $a = -1$ e $b = -5$.

VN =

---

d) $6a - 5b$ para $a = 3$ e $b = -2$.

VN =

---

e) $6a - 5b$ para $a = -1$ e $b = -1$.

VN =

Resp: **182** a) 20x b) 10x c) 4a d) – 2y e) 16ab f) – 2xy g) – 5m h) x i) 24n j) – 10x k) – 21y l) 32a m) 12xy n) – 3x o) 36a p) – 4mn q) 5x – y r) 2b + a s) 6xy – 2x t) x – 2

183 a) 27x + 3y b) 8a – 6b c) – 8x + 12y d) – 35a – 45b e) 6a + 48ab f) – a + ab + 2b g) – 21x + 56y

184 f) $-2x + 7a$ para $x = 3$ e $a = 6$.

VN =

---

g) $-2x + 7a$ para $x = -9$ e $a = -8$.

VN =

---

h) $-a + 8b$ para $a = 40$ e $b = -7$.

VN =

---

i) $-a + 8b$ para $a = 50$ e $b = 8$

VN =

---

j) $a - b - c$ para $a = -2$, $b = -3$ e $c = -4$.

VN =

185 Calcule os valores numéricos pedidos, em cada item.

a) $(a + b)^2$ para $a = 3$ e $b = 4$

VN =

---

b) $a^2 + 2ab + b^2$ para $a = 3$ e $b = 4$

VN =

* Compare os resultados dos itens (a) e (b)

---

c) $(a + b)^2$ para $a = 10$ e $b = -2$

VN =

---

d) $a^2 + 2ab + b^2$ para $a = 10$ e $b = -2$

VN =

Resp: **183** h) $24ab - 72xy$ i) $-x + 2xy + 3y$ j) $8x - 9y$ k) $-3x + 50$ **184** a) 23 b) -6 c) -23 d) 28 e) -1

185 e) $(a + b)(a - b)$ para $a = 9$ e $b = 4$

VN =

---

f) $a^2 - b^2$ para $a = 9$ e $b = 4$

VN =

* Compare os resultados dos itens (e) e (f)

---

g) $(a + b) \cdot (a - b)$ para $a = 3$ e $b = -2$

VN =

---

h) $a^2 - b^2$ para $a = 3$ e $b = -2$

VN =

185 i) $(a - b)^2$ para $a = 11$ e $b = 9$

VN =

---

j) $a^2 - 2ab + b^2$ para $a = 11$ e $b = 9$

VN =

* Compare os resultados dos itens (i) e (j)

---

k) $(a - b)^2$ para $a = 4$ e $b = -3$

VN =

---

l) $a^2 - 2ab + b^2$ para $a = 4$ e $b = -3$

VN =

Resp: **184** f) 36 g) – 38 h) – 96 i) 14 j) 5 **185** a) 49 b) 49 c) 64 d) 64

186 Calcular o valor numérico da expressão 2a – 3b – c nos casos:

a) a = 2 , b = 3 , c = 1

VN =

---

b) $a = \frac{1}{2}$, $b = \frac{1}{3}$, $c = -2$

VN =

---

187 Calcular o valor numérico de expressão $\frac{x^2 - x + 2}{x^2 + x - 2}$ nos casos:

a) x = 0

VN =

---

b) x = – 1

VN =

187 c) $x = -\frac{1}{2}$

VN =

---

d) $x = 1$

VN =

---

188 "Reduza" os termos semelhantes.

Atenção: termos semelhantes são aqueles que têm a mesma parte literal.

a) $3x - 2y + x - 4y + 5x - y$ =

=

---

b) $2a - 3b - 5a + 7b + 8a - 4b$ =

=

Resp: **185** e) 65 f) 65 g) 5 h) 5 i) 4 j) 4 k) 49 l) 49

188 c) $5x^2 - 3xy + 4y^2 - 3x^2 + xy - y^2 =$

$=$

---

d) $6x^2 - 3x + 2 - 4x^2 - 6x - 1 + 7x - 3 =$

$=$

---

e) $2x^2 - 3x - 4 - 7x^2 + 3x - 1 - 5x^2 - 2x + 4 + 14x^2 + 8x + 8 =$

$=$

EQUAÇÕES DO 1° GRAU

São equações que, depois de simplificadas e organizadas, recaem no formato

$$ax + b = 0 \quad (\text{com } a \neq 0)$$

Atenção: $x = x^1$ (termo do 1º grau), por isso se chama **equação do 1º grau**.

189 Verificar se o número dado é raiz da equação, substituindo a variável da equação pelo valor dado, nos casos:

a) $3x - 6 = 0$, $x = 2$

b) $3x - 6 = 0$, $x = 1$

c) $2x - 5 = 0$, $x = \frac{5}{2}$

d) $2x - 5 = 0$, $x = 3$

e) $4x - 1 = 2x - 3$, $x = -1$

f) $4x - 1 = 2x - 3$, $x = 0$

g) $5x - 7 = 3x - 2$, $x = -\frac{1}{2}$

h) $5x - 1 = 3x - 2$, $x = 1$

Resp: **186** a) -6 b) 2 **187** a) -1 b) -2 c) $-\frac{11}{9}$ d) não se define **188** a) $9x - 7y$ b) $5a$

190 Resolver **mentalmente** as seguintes equações do 1º grau e escrever o valor de **x** encontrado.

a) $2x = 10$ $x =$	b) $-3x = 6$ $x =$
c) $-x = 7$ $x =$	d) $7x = -21$ $x =$
e) $30 = 5x$ $x =$	f) $-4 = -2x$ $x =$
g) $32 = -4x$ $x =$	h) $-54 = 6x$ $x =$
i) $x + 3 = 7$ $x =$	j) $-2 = x + 3$ $x =$
k) $5 + x = -1$ $x =$	l) $0 = 5 + x$ $x =$
m) $x - 4 = 6$ $x =$	n) $-1 = x - 1$ $x =$
o) $x - 10 = -3$ $x =$	p) $-13 = x - 10$ $x =$

190 q) $6 - x = 4$

$x =$

r) $-2 = 6 - x$

$x =$

s) $2 - x = 3$

$x =$

t) $-3 = 2 - x$

$x =$

u) $2 - x = 1$

$x =$

v) $9 = 2 - x$

$x =$

191 Para resolver uma **equação do 1º grau** costumamos **isolar** a incógnita **x** em qualquer um dos membros da igualdade.

Nos itens seguintes, na coluna da esquerda o **x** foi isolado usando-se as **propriedades das igualdades**. Faça o mesmo na coluna da direita só que usando as **consequências dessas propriedades** (o item (a) está resolvido).

a) $\boxed{2x = 16}$

$\frac{2x}{2} = \frac{16}{2}$

$\boxed{x = \frac{16}{2}}$

x = 8

$2x = 16$

$x = \frac{16}{2}$

x = 8

b) $15 = 3x$

$\frac{15}{3} = \frac{3x}{3}$

$\frac{15}{3} = x$

$5 = x$

x = 5

$15 = 3x$

$\frac{\quad}{\quad} = x$

c) $\frac{x}{2} = 10$

$\frac{x}{2} \cdot 2 = 10 \cdot 2$

$x = 10 \cdot 2$

x = 20

$\frac{x}{2} = 10$

$x =$

Resp: **188** c) $2x^2 - 2xy + 3y^2$ d) $2x^2 - 2x - 2$ e) $4x^2 + 6x + 7$ **189** a) sim b) não c) sim d) não e) sim f) não g) não h) não

191 d) $3 = \frac{x}{7}$

$3 \cdot 7 = \frac{x}{7} \cdot 7$

$3 \cdot 7 = x$

$21 = x$

$\mathbf{x = 21}$

$3 = \frac{x}{7}$

$\quad = x$

---

e) $-4x = 20$

$\frac{-4x}{-4} = \frac{20}{-4}$

$x = \frac{20}{-4}$

$\mathbf{x = -5}$

$-4x = 20$

$x = \_\_\_\_$

---

f) $\frac{x}{-5} = 6$

$\frac{x}{-5} \cdot (-5) = 6 \cdot (-5)$

$x = 6 \cdot (-5)$

$\mathbf{x = -30}$

$\frac{x}{-5} = 6$

$x =$

---

g) $-27 = -3x$

$\frac{-27}{-3} = \frac{-3x}{-3}$

$\frac{-27}{-3} = x$

$9 = x$

$\mathbf{x = 9}$

$-27 = -3x$

$\_\_\_\_ = x$

---

h) $-4 = \frac{x}{-2}$

$-4 \cdot (-2) = \frac{x}{-2} \cdot (-2)$

$-4 \cdot (-2) = x$

$8 = x \Rightarrow \mathbf{x = 8}$

$-4 = \frac{x}{-2}$

$\quad = x$

---

i) $x + 5 = 7$

$x + 5 - 5 = 7 - 5$

$x = 7 - 5$

$\mathbf{x = 2}$

$x + 5 = 7$

$x =$

191 j) $x - 3 = 6$

$x - 3 + 3 = 6 + 3$

$x = 6 + 3$

$\mathbf{x = 9}$

$x - 3 = 6$

$x =$

---

k) $-6 = x + 2$

$-6 - 2 = x + 2 - 2$

$-6 - 2 = x$

$-8 = x$

$\mathbf{x = -8}$

$-6 = x + 2$

$= x$

---

l) $-3 = x - 5$

$-3 + 5 = x - 5 + 5$

$-3 + 5 = x$

$2 = x$

$\mathbf{x = 2}$

$-3 = x - 5$

$= x$

---

m) $-x = 12$

$(-1) \cdot x = 12$

$\frac{(-1) \cdot x}{-1} = \frac{12}{-1}$

$x = \frac{12}{-1}$

$\mathbf{x = -12}$

$-x = 12$

$x = \underline{\quad}$

---

n) $3 - x = 11$

$3 - x + x = 11 + x$

$3 = 11 + x$

$3 - 11 = 11 + x - 11$

$3 - 11 = x$

$-8 = x$

$\mathbf{x = -8}$

$3 - x = 11$

$= x$

Resp: **190** a) 5 b) – 2 c) – 7 d) – 3 e) 6 f) 2 g) – 8 h) – 9 i) 4 j) – 5 k) – 6 l) – 5 m) 10 n) 0 o) 7 p) – 3 q) 2 r) 8 s) – 1 t) 5 u) 1 v) – 7

191 a) x = 8 b) x = 5 c) x = 20

191 o) $-12 - x = -5$

$-12 - x + x = -5 + x$

$-12 = -5 + x$

$-12 + 5 = -5 + x + 5$

$-12 + 5 = x = x$

$-7 = x$

$\mathbf{x = -7}$

$-12 - x = -5$

$= x$

---

p) $4 = 13 - x$

$4 + x = 13 - x + x$

$4 + x = 13$

$4 + x - 4 = 13 - 4$

$x = 13 - 4$

$\mathbf{x = 9}$

$4 = 13 - x$

$x =$

---

q) $5 = -6 - x$

$5 + x = -6 - x + x$

$5 + x = -6$

$5 + x - 5 = -6 - 5$

$x = -6 - 5$

$x = -11$

$5 = -6 - x$

$x =$

---

192 Resolva as seguintes equações do 1º grau. Observe o item (a), já resolvido.

a) $6x - 10 = 2x + 18$

$6x - 2x = 18 + 10$

$4x = 28$

$x = \frac{28}{4}$

$\mathbf{x = 7}$

---

b) $3x + 7 = 5x - 3$

192 c) $5 - 2x = 9 - 5x$

---

d) $6 - 4x = 3x + 8$

---

e) $14 - 9x = 8x - 3$

Resp: **191** d) $x = 21$ e) $x = -5$ f) $x = -30$ g) $x = 9$ h) $x = 8$ i) $x = 2$ j) $x = 9$ k) $x = -8$
l) $x = 2$ m) $x = -12$ n) $x = -8$

192 f) $7x - 4 + 8x = 2x - 3 - 7x + 9$

g) $2 - 2x + 14 = 2x - 6 + 3x - 6$

h) $x + 6 + 2x - 4 = 2x - 1$

193 Resolver as equações (resolver uma equação é determinar o seu conjunto-verdade) no Conjunto Universo U = $\mathbb{N}$(Números Naturais).

a) $3x - 12 = 0$

---

b) $10x - 5 = 0$

---

c) $3x + 15 = 0$

---

d) $-7x + 2 = 0$

---

e) $-9x - 15 = 0$

---

f) $6x = 0$

Resp: **191** o) $x = -7$ p) $x = 9$ q) $x = -11$ **192** a) $x = 7$ b) $x = 5$ c) $x = \frac{4}{3}$ d) $x = -\frac{2}{7}$ e) $x = 1$

193 g) $3x - 2 - 5 + 8 = x - 3x + 6$

---

h) $x - 2x - 3x - 15 = 13 - 2 - 6x$

---

i) $5 + 2x - 3 - 5x = 4 - 2x + 5x$

---

j) $-5 - 3 - 2x + 7 - x = 2 - 4x - 4$

193 k) $2(x - 1) - 3x = 4 - 3(x - 5)$

l) $1 - 3(x + 1) - 3(x - 1) + 5x = 7$

194 Resolver as equações, sendo U = Z (Números Inteiros).

a) $3x - 4 = x - 6$

Resp: **192** f) $x = \frac{1}{2}$ g) $x = 4$ h) $x = -3$ **193** a) $V = \{4\}$ b) $V = \varnothing \left(x = \frac{1}{2}\right)$ c) $V = \varnothing$ $\{x = -5\}$ d) $V = \varnothing \left(x = \frac{2}{7}\right)$ e) $V = \varnothing \left(x = -\frac{5}{3}\right)$ f) $V = \{0\}$

194 b) $5x - 2 = 2x + 6$

---

c) $2(x + 6) = 3(x - 7)$

Desafio

d) $(2x - 1)(2x + 1) = 4x^2 - x$

Atenção: $(2x - 1)(2x + 1) =$

$= 2x \cdot 2x + \cancel{2x} - \cancel{2x} - 1 =$

$= 4x^2 - 1$

Desafio

e) $(x - 2)^2 = x(x - 1) + 1$

Atenção: $(x - 2)^2 = (x - 2)(x - 2)$

194 Desafio

f) $3x(3x - 2) = (3x - 1)^2 - 2x$

195 Resolver as equações(U = Q).

a) $3x - 5 = 2x + 7$

b) $4x + 9 = 5x - 1$

c) $3x - 5 = 10 - 2x$

Resp: **193** g) $V = \{1\}$ h) $V = \{13\}$ i) $V = \varnothing\left(x = -\frac{1}{3}\right)$ j) $V = \varnothing\{x = -1\}$ k) $V = \varnothing\left(x = \frac{21}{2}\right)$ l) $V = \varnothing\{x = -6\}$

194 a) $V = \{-1\}$

195 d) $x - 2(x - 3) = 3x - 2$

e) $x = 3(x + 1) + x - 12$

f) $3(x - 7) = 2(7 - x)$

g) $2(x - 3) - 3(x - 2) - 2(2x - 1) = 2(3x + 1) - 3(2x - 5)$

196 Resolver as equações:

a) $\frac{3x}{2} + \frac{1}{3} = \frac{2x}{3} - \frac{1}{2}$

---

b) $\frac{x}{2} + \frac{2x}{3} + \frac{3x}{4} = 2x - 1$

Resp: **194** b) $V = \varnothing \left(x = \frac{8}{3} \right)$ c) V = {33} d) V = {1} e) V = {1} f) $V = \varnothing \left(x = \frac{1}{2} \right)$

195 a) {12} b) {10} c) {3}

196 c) $\frac{2x}{3} - \frac{3x-1}{2} = \frac{1}{2} - \frac{x-1}{4}$

---

d) $\frac{2}{5} - \frac{x-1}{3} = \frac{1}{3} - \frac{x+3}{5}$

196 e) $x - \frac{x-2}{3} = 2 - \frac{2-x}{4}$

f) $\frac{x}{4} - \frac{2x-1}{3} = \frac{x+1}{6}$

Resp: **195** d) {2} e) {3} f) {7} g) {– 3} **196** a) {– 1} b) {12}

197 Resolver as equações, dado U = Z.

a) $2x - 3(x - 5) = 2(x - 3)$

Desafio

b) $4x^2 - 2 = (2x - 1)^2$

197 Desafio

c) $3x - (2x - 1)2 = 4 + (2x + 1)^2 - 8x^2$

198 Resolver as equações:

Desafio

a) $\frac{2x-4}{3} - \frac{3}{4} + \frac{4x+3}{12} - \frac{x+4}{8} = \frac{2x}{3} - \frac{1}{2} - \frac{x+2}{6}$

Resp: 196 c) $\left\{-\frac{3}{7}\right\}$ d) $\left\{\frac{15}{2}\right\}$ e) $\{2\}$ f) $\left\{\frac{2}{7}\right\}$

198 Desafio

b) $\frac{x-2}{2}-\frac{12x-14}{3}=\frac{x}{4}-\frac{x+3}{3}-\frac{2x+4}{3}-x-1$

---

199 Resolver:

Desafio

a) $\frac{\frac{2x-3}{2}}{\frac{1}{3}}-\frac{3x-\frac{1}{2}}{2}=\frac{x}{\frac{1}{4}}$

199 **Desafio**

b) $\dfrac{\dfrac{2x}{3} - \dfrac{1}{2}}{1 - \dfrac{1}{2}} = \dfrac{\dfrac{x-1}{2}}{1 - \dfrac{1}{3}} - \dfrac{1}{2}$

Resp: **197** a) V = {7}   b) $V = \varnothing \left(x = \frac{3}{4} \right)$ c) V = {2}   **198** a) {4}

PROBLEMAS QUE SE RESOLVEM USANDO EQUAÇÕES DO 1º GRAU

Problemas do 1º grau são resolvidos através de equações do 1º grau.

Devemos inicialmente ler o problema e traduzir o seu enunciado para linguagem simbólica da matemática.

200 Traduza para a linguagem simbólica da matemática, as sentenças abaixo:

a) o dobro de um número.

____

b) o triplo de um número mais dois.

____

c) um número diminuído de cinco.

____

d) a metade de um número.

____

e) a terça parte de um número.

____

f) o quadrado de um número.

____

g) a soma de dois números.

____

h) dois números cuja diferença é dois.

____

i) dois números inteiros consecutivos cuja soma é 1.

____

j) a soma dos quadrados de dois números.

____

k) a soma de dois números pares consecutivos.

____

l) o produto de dois números é doze.

____

m) a razão de dois números.

____

n) a diferença entre o triplo de um número e a sua terça parte.

____

o) a soma de três números é igual ao seu produto.

____

p) a soma entre um número e seu inverso.

201 O triplo de um número natural somado com 7 é igual a 28. Qual é esse número?

202 Somando 10 anos ao dobro da idade de Ricardo, obtemos 40 anos. Qual é a idade de Ricardo?

Resp: **198** b) {4} **199** a) $\left\{-\frac{17}{10}\right\}$ b) $\left\{-\frac{3}{7}\right\}$

203 Um número racional menos 16 é igual a $\frac{2}{3}$ do mesmo número. Qual é esse número?

---

204 O quádruplo de um número natural, menos 20, é igual à sua metade, mais 8. Qual é esse número?

---

205 A terça parte da medida de base de um retângulo menos 6 m é igual a doze. Qual é a medida da base desse retângulo?

206 A soma de dois números é 46. O maior tem 6 unidades a mais que o menor. Determine esses números.

207 A soma das áreas de dois terrenos é 480 m^2. A área de um é o dobro da área do outro. Qual a área de cada terreno?

208 A soma de três números consecutivos é 348. Calcule esse números.

Resp: **200** a) $2x$ b) $3x + 2$ c) $x - 5$ d) $\frac{x}{2}$ e) $\frac{x}{3}$ f) x^2 g) $x + y$ h) $x - y = 2$ i) $x + x + 1 = 1$ j) $x^2 + y^2$ k) $x + x + 2$ l) $xy = 12$ m) $\frac{x}{y}$ n) $3x - \frac{x}{3}$ o) $x + y + z = xyz$ p) $x + \frac{1}{x}$ **201** O número é 7.

202 Ricardo tem 15 anos.

209 A soma de dois números é 96 e a diferença é 26. Quais são esses números?

---

210 Repartir 356 em três parcelas de modo que a segunda seja o dobro da primeira e a terceira tenha 4 unidades a menos que a segunda.

SISTEMAS DE DUAS EQUAÇÕES DO 1º GRAU COM DUAS INCÓGNITAS

Observe a equação seguinte

$$2x - 3y = 6$$

Ela tem duas incógnitas (**x** e **y**) e não conseguimos " achar o valor " de nenhuma delas pois uma incógnita depende da outra:

$$2x - 3y = 6 \qquad\qquad 2x - 3y = 6$$
$$2x = 6 + 3y \qquad \text{ou} \qquad 2x - 6 = 3y$$
$$x = \frac{6 + 3y}{2} \qquad\qquad y = \frac{2x - 6}{3}$$

Importante

Só conseguimos "resolver" uma **equação do 1º grau** (**x** elevado ao expoente um) quando ela tem **apenas uma incógnita**.

Observe outro exemplo:

x + y = 7 Note que ela tem infinitos pares ordenados (**x, y**) que a satisfazem:

$$1 + 6 = 7 \longrightarrow (x, y) = (1, 6)$$
$$2 + 5 = 7 \longrightarrow (x, y) = (2, 5)$$
$$7 + 0 = 7 \longrightarrow (x, y) = (7, 0)$$
$$9 - 2 = 7 \longrightarrow (x, y) = (9, -2)$$
$$-3 + 10 = 7 \longrightarrow (x, y) = (-3, 10)$$
$$\frac{3}{2} + \frac{11}{2} = 7 \longrightarrow (x, y) = \left(\frac{3}{2}, \frac{11}{2}\right)$$

Dizemos que essa equação é **indeterminada** pois tem **infinitas soluções**

Para resolver o **sistema**

$$\begin{cases} x + 2y = 5 \\ x - 2y = 1 \end{cases}$$ de duas equações

do 1º grau com duas incógnitas, usamos **estratégias (métodos)** que o façam recair em uma equação com **uma única incógnita.**

Resp: **203** O número é 48. **204** O número é 8. **205** A base tem 54 m. **206** Os números são 20 e 26. **207** As áreas são de 160 m^2 e 320 m^2. **208** Os números são 115, 116 e 117.

MÉTODO DA ADIÇÃO

Este método consiste em **somar** (adicionar) as duas equações **membro a membro** quando isto fizer com que uma das incógnitas desapareça. Observe o exemplo resolvido.

$$\begin{cases} (1) \quad \mathbf{x + 2y = 5} \\ (2) \quad \mathbf{x - 2y = 1} \end{cases} \longrightarrow \begin{array}{r} \mathbf{x + 2y = 5} \\ \mathbf{x - 2y = 1} \\ \hline \mathbf{2x + 0y = 6} \end{array} \; (+)$$

Equação com uma única incógnita $\longrightarrow$ $2x = 6$

Agora, isolamos o **x**

$$x = \frac{6}{2} \Longrightarrow \mathbf{x = 3}$$

Agora, substituimos esse valor encontrado para **x** em uma das equações do sistema inicial (analise em qual das duas é mais interessante fazer isso)

Escolheremos a **equação (1)**:

(1) $x + 2y = 5$ — Substituimos **x = 3**

$3 + 2y = 5$ — Isolamos o **y**

$2y = 5 - 3$

$2y = 2$

$y = \frac{2}{2} \Rightarrow \mathbf{y = 1}$

Lembre - se, a solução desse sistema de equações é um **par ordenado**:

$\mathbf{(x, y) = (3, 1)}$, isto é $\mathbf{x = 3}$ e $\mathbf{y = 1}$

Escrevemos o **Conjunto solução**

$$\mathbf{S} = \{(\mathbf{3}, \mathbf{1})\}$$

Só para compreendermos melhor, vamos verificar a solução encontrada no sistema inicial (normalmente, na prática, não se faz isso).

$$\begin{cases} (1)\ x + 2y = 5 \\ (2)\ x - 2y = 1 \end{cases} \xrightarrow{(x, y) = (3, 1)} \begin{cases} (1)\ 3 + 2 \cdot 1 = 5 \quad \text{(verdade)} \\ (2)\ 3 - 2 \cdot 1 = 1 \quad \text{(verdade)} \end{cases}$$

MÉTODO DA SUBSTITUIÇÃO

Objetivo: obter uma equação com uma única incógnita.

Para isso, vamos isolar uma das incógnitas em uma das duas equações e **substituir na outra**. Observe o exemplo resolvido.

$$\begin{cases} (1)\ x + 2y = 5 \\ (2)\ x - 2y = 1 \end{cases}$$

Escolhemos, das duas equações, a " melhor " incógnita para isolar.

$(2)\ x - 2y = 1$ Isolemos o **x**

$\boxed{\mathbf{x = 1 + 2y}}$ (**3**) Agora, substituimos esse " valor " de **x** na outra equação **(1).**

$(1)\ x + 2y = 5$

$$(1 + 2y) + 2y = 5$$

$1 + 2y + 2y = 5$ Agora, isolamos o **y**.

$$2y + 2y = 5 - 1$$

$$4y = 4$$

$$y = \frac{4}{4}$$

$$y = 1$$

Substituimos este valor (y = 1) na equação do "quadrinho" (3)

$\boxed{\mathbf{x = 1 + 2y}}$ (**3**)

$$x = 1 + 2 \cdot (1)$$

$$x = 1 + 2$$

$\mathbf{x = 3}$ Obtivemos $\mathbf{x = 3}$ e $\mathbf{y = 1}$

A resposta do sistema é o conjunto solução:

$$\mathbf{S} = \{(\mathbf{3}, \mathbf{1})\}$$

Verifique que é o mesmo exemplo resolvido no **Método da adição**.

Resp: **209** Os números são 61 e 35. **210** As parcelas são 72, 144 e 140

211 Resolver os seguintes sistemas de equações pelo **Método da Adição**.

a) $\begin{cases} 2x + 3y = -5 \\ x - 3y = 11 \end{cases}$

---

b) $\begin{cases} -x + y = -3 \\ x - 2y = 5 \end{cases}$

211 c) $\begin{cases} 2x + y = -4 \\ 2x - 5y = 8 \end{cases}$

---

d) $\begin{cases} 3x - y = -8 \\ 4x - y = -12 \end{cases}$

---

e) $\begin{cases} 5x + 2y = 9 \\ -3x + 4y = 5 \end{cases}$

211 f) $\begin{cases} -2x + y = -11 \\ 6x + 5y = 25 \end{cases}$

---

g) $\begin{cases} 2x + 3y = 6 \\ 5x + 12y = 15 \end{cases}$

---

h) $\begin{cases} 3x - 2y = 15 \\ 4x + 3y = 3 \end{cases}$

211 i) $\begin{cases} 2x - 5y = -3 \\ 3x - 4y = -1 \end{cases}$

---

j) $\begin{cases} 10x + 6y = -4 \\ 15x - 4y = -19 \end{cases}$

Resp: **211** a) $S = \{(2, -3)\}$ b) $S = \{(1, -2)\}$ c) $S = \{(-1, -2)\}$ d) $S = \{(-4, -4)\}$ e) $S = \{(1, 2)\}$

211 k) $\begin{cases} 10x - 13y = 49 \\ 15x + 17y = -36 \end{cases}$

---

l) $\begin{cases} 5x - 4y = 6 \\ 7x - 3y = -2 \end{cases}$

212 Resolver os seguintes sistemas de equações pelo **Método da Substituição**.

a) $\begin{cases} x = 3y + 11 \\ 2x + 3y = -5 \end{cases}$

---

b) $\begin{cases} x - 2y = 5 \\ y = x - 3 \end{cases}$

---

c) $\begin{cases} 2x + y = -4 \\ 2x - 5y = 8 \end{cases}$

Resp: **211** f) $S = \{(5, -1)\}$ g) $S = \{(3, 0)\}$ h) $S = \{(3, -3)\}$ i) $S = \{(1, 1)\}$ j) $S = \{(-1, 1)\}$

212 d) $\begin{cases} 3x - y = -8 \\ 4x - y = -12 \end{cases}$

---

e) $\begin{cases} 5x + 2y = 9 \\ -3x + 4y = 5 \end{cases}$

---

f) $\begin{cases} 2x + 3y = 6 \\ 5x + 12y = 15 \end{cases}$

212 g) $\begin{cases} -2x + y = -11 \\ 6x + 5y = 25 \end{cases}$

---

h) $\begin{cases} 3x - 2y = 15 \\ 4x + 3y = 3 \end{cases}$

---

i) $\begin{cases} 2x - 5y = -3 \\ 3x - 4y = -1 \end{cases}$

Resp: **211** k) S = {(1 , – 3)} l) S = {(– 2 , – 4)} **212** a) S = {(2 , – 3)} b) S = {(1 , – 2)} c) S = {(–1 , – 2)}

212 j) $\begin{cases} 2x + 5y = 3 \\ 3x + 4y = 1 \end{cases}$

---

k) $\begin{cases} 5x - 4y = 6 \\ 7x - 3y = -2 \end{cases}$

---

l) $\begin{cases} 2x + 3y = -1 \\ 4x - 6y = 6 \end{cases}$

213 Resolva os seguintes sistemas de equações pelo método que você escolher. Antes de começar a resolução, **organize e simplifique cada uma das equações**.

Desafio

a) $\begin{cases} 6(x-1)-4(y-3)=3(x+y)-2 \\ 6(x-y)-3(x-2)=4(y+1)-12 \end{cases}$

Resp: **212** d) $S = \{(-4, -4)\}$ e) $S = \{(1, 2)\}$ f) $S = \{(3, 0)\}$ g) $S = \{(5, -1)\}$ h) $S = \{(3, -3)\}$ i) $S = \{(1, 1)\}$

213 **Desafio**

b) $\begin{cases} 5x - 4y - 12 = 4(x - 1) - 3(y + 2) \\ \dfrac{x - 2y}{4} - \dfrac{2x + y - 1}{3} = \dfrac{2 - x}{2} - y \end{cases}$

213 **Desafio**

c) $\begin{cases} \dfrac{2x + y}{5} - \dfrac{x + y}{3} = \dfrac{x + 1}{2} - \dfrac{3 - y}{3} \\ \dfrac{y - x}{3} + \dfrac{x + y + 1}{2} = \dfrac{2x + 3y + 6}{5} \end{cases}$

Resp: **212** j) $S = \{(-1, 1)\}$ k) $S = \{(-2, -4)\}$ l) $\left\{\left(\frac{1}{2}, \frac{-2}{3}\right)\right\}$ **213** a) $S = \{(2, 2)\}$

214 Os sistemas de equações seguintes têm mais que duas equações e mais que duas incógnitas. Resolva - os.

Atenção: antes de começar a resolvê - los, pense numa **estratégia** conveniente para cada caso.

Desafio

a) $\begin{cases} x = 3z - 3 \\ y = 2z - 1 \\ x + 2y - z = 1 \end{cases}$

Desafio

b) $\begin{cases} z = x + y \\ 2x + y + z = 7 \\ x - y + z = 2 \end{cases}$

214 **Desafio**

c) $\begin{cases} a + b + c = 9 \\ a - b + c = 3 \\ a + b - c = 7 \end{cases}$

Desafio

d) $\begin{cases} b = 2a - 7 \\ c = a - 1 \\ d = a + 1 \\ a + b + c + d = 8 \end{cases}$

Resp: **213** b) S = {(4 , 2)} c) S = {(– 1 , 2)}

214 **Desafio**

e) $\begin{cases} a + 2b = -2 \\ 3a - b = 8 \\ a + b + 2c + d = -5 \\ 3a - 2b + 3c - d = 5 \end{cases}$

Exemplos de sistemas de duas equações do 1° grau com duas variáveis, que são **impossíveis**.

(As duas equações são contraditórias)

1) $\begin{cases} x + y = 7 \\ x + y = 8 \end{cases}$ 2) $\begin{cases} 2x - 3y = 5 \\ 2x - 3y = -2 \end{cases}$ 3) $\begin{cases} 6x - 8y = 10 \\ 3x - 4y = 2 \end{cases}$

Para cada um desses exemplos, cada uma das equações tem infinitas soluções, mas não existe par ordenado que seja, simultaneamente solução de ambas.

Exemplos de sistemas de duas equações do 1° grau com duas variáveis, que são **possíveis indeterminados**.

(As duas equações são iguais ou são redutíveis a uma mesma equação).

1) $\begin{cases} x + y = 7 \\ x + y = 7 \end{cases}$ 2) $\begin{cases} 4x - 2y = 4 \\ 2x - y = 2 \end{cases}$ 3) $\begin{cases} 4x - 2y = 4 \\ 6x - 3y = 6 \end{cases}$

Para cada um desses exemplos, cada uma das equações tem infinitas soluções e todas esses pares ordenados serão também soluções da outra equação pois ela é igual ou redutível à anterior.

Exemplos de sistemas de duas equações do 1° grau com duas variáveis, que são **possíveis determinados**.

(As duas equações não se encaixam em nenhum dos dois casos anteriores).

1) $\begin{cases} x + y = 7 \\ x + 2y = 8 \end{cases}$ 2) $\begin{cases} 2x + y = 7 \\ 3x - y = 3 \end{cases}$ 3) $\begin{cases} 4x + 3y = 6 \\ 3x - y = 11 \end{cases}$

Para cada um desses exemplos, cada equação tem infinitas soluções e existe um único par ordenado que é simultaneamente solução de ambas. No primeiro exemplo é (6, 1), no segundo (2,3) e no terceiro (3, – 2).

215 Estes dois sistemas de duas equações do 1º grau com duas incógnitas são um pouco diferentes dos anteriores.

Resolva - os com a ajuda do seu professor.

a) $\begin{cases} 2x - y = 2 \\ 6x - 3y = 6 \end{cases}$

---

b) $\begin{cases} x + 3y = 11 \\ 2x + 6y = 25 \end{cases}$

Resp: 214 a) $S = \{(x, y, z) = (0, 1, 1)\}$ b) $S = \{(x, y, z) = (1, 2, 3)\}$ c) $S = \{(a, b, c) = (5, 3, 1)\}$

d) $S = \{(a, b, c, d) = (3, -1, 2, 4)\}$

216 Estes sistemas de três equações e três incógnitas admite um " **truque muito bonito** " para resolvê - lo. Tente sozinho e depois discuta com o seu professor.

$$\begin{cases} a + b = -1 \\ a + c = 4 \\ b + c = 5 \end{cases}$$

PROBLEMAS QUE SE RESOLVEM USANDO SISTEMAS DE EQUAÇÕES

Alguns problemas, quando equacionados, recaem em um sistema de equações do 1º grau. Observe o exemplo:

217 A soma de dois números é 43 e a diferença é 7. Quais são esses números?

---

218 Numa prova com 20 questões , um aluno fez 32 pontos. Se este aluno recebia 10 pontos por questão correta e perdia 4 pontos por questão errada. Quantas respostas este aluno acertou?

Resp: **214** e) $S = \{(a, b, c, d) = (2, -2, -2, -1)\}$ **215** a) Sistema Possível e Indeterminado b) Sistema Impossível ($S = \varnothing$).

219 Para confeccionar duas jóias foram usados 13 brilhantes. Uma das jóias tem 3 brilhantes a mais que a outra. Chamando de x a jóia com maior número de brilhantes e de y a jóia com menor número de brilhantes. Responda:

a) Escreva o sistema de equações correspondente à situação descrita.

b) Resolva o sistema, encontrando x e y.

c) Qual a quantidade de brilhantes da jóia com maior quantidade de brilhantes?

---

220 Antônio e Bernardo tem juntos 126 figurinhas. Se Antônio tem 24 figurinhas a mais que Bernardo. Quantas figurinhas tem Antônio?

221 Um retângulo tem 84cm de perímetro. O comprimento deste retângulo é 18cm maior que sua largura. Qual a área deste retângulo?

---

222 Se um bombom e uma barra de chocolate pesam juntos 250 gramas e dois bombons e três barras de chocolate pesam juntos 570 gramas. Qual o peso de um bombom e qual o peso de uma barra de chocolate?

---

223 Na compra de uma calça e de uma camiseta foram gastos R$150,00, se a calça custou R$24,00 a mais que a camiseta. Qual o preço de cada peça?

Resp: **216** S = {(a , b , c) = (– 1, 0 , 5)} **217** Os números são 25 e 18. **218** O aluno acertou 8 questões (e errou 12).

224 A soma de dois números é 140 e a diferença é 18. Quais são esses números?

---

225 A soma das idades de Pedro e Paulo é 29 anos e a diferença de idade entre eles é de 5 anos. Se x é a idade de Pedro e y é a idade de Paulo. Responda:

a) Se Pedro for mais novo que Paulo qual o sistema que equaciona esta situação?

b) Qual a idade de Paulo?

---

226 Numa festa foram servidos dois tipos de sorvete, um na taça servia 150 gramas e outro no copinho servia 200 gramas de sorvete. Se no total foram servidos 72 sorvetes (entre taça e copinho) e 12,8 quilos de sorvete. Quantos copinhos de sorvete foram servidos?

RAZÕES E PROPORÇÕES - REGRA DE TRÊS

Razões

A razão entre dois números **a** e **b** ($b \neq 0$), nessa ordem, é o quociente da divisão **a** por **b**.

Indica-se

$$a : b = \frac{a}{b}$$

antecedente (a) — consequente (b)

Lê-se "razão de **a** para **b**."

Lembre-se: não se define "**divisão por zero**" nem "**fração com denominador zero**"

$8 : 0$ ← não se define → $\frac{8}{0}$

Exemplo: Numa classe com 30 alunos, 20 são meninos. Dizemos que os números de meninas e de meninos dessa classe estão na **razão de 10 para 20** ou **10 : 20** ou $\mathbf{\frac{10}{20}}$.

Como $\frac{10}{20} = \frac{1}{2}$, podemos também dizer que os números de meninas e de meninos **estão na razão de 1 para 2**.

Evidentemente que sempre tentaremos trabalhar com **frações irredutíveis** (totalmente simplificadas).

Desse modo fica fácil entender que nessa classe há **2 meninos para cada menina**.

Observe:

Total de alunos = 30

10 meninas	20 meninos

$$\frac{\text{meninas}}{\text{meninos}} = \frac{10}{20} = \frac{1}{2} \text{ (razão de 1 para 2)}$$

$$\frac{\text{meninos}}{\text{meninas}} = \frac{20}{10} = \frac{2}{1} \text{ (razão de 2 para 1)}$$

Resp: **219** a) $\begin{cases} x + y = 13 \\ x - y = 3 \end{cases}$ b) S = {(x, y) = (8, 5)} c) 8 brilhantes **220** 75 figurinhas **221** Área = 360 m^2
222 O bombom pesa 70 gramas e a barra de chocolate 180 gramas. **223** A calça custou R$ 87,00 e camiseta R$ 63,00.

227 Determine a **razão** entre os números dados, respondendo, sempre, com **uma fração irredutível**.

a) 4 e 6 (Resolvido)

$\frac{4 : 2}{6 : 2} = \frac{\mathbf{2}}{\mathbf{3}}$ **razões equivalentes**

b) 5 e 2

c) 40 e 24

d) 6 e 30

e) 105 e 60

f) 21 e 40

g) $\frac{2}{3}$ e $\frac{3}{4}$

h) $\frac{6}{5}$ e 2

i) 9 e $\frac{15}{4}$

j) 0,8 e 0,75

RAZÃO ENTRE GRANDEZAS DE MESMA ESPÉCIE

Atenção: as medidas das grandezas devem estar sempre reduzidas à **mesma unidade**.

228 Flávia tem 1,60 m de altura e Carlos, 180 cm. Qual é a razão entre as alturas de Flávia e Carlos? (Cuidado com as unidades).

229 Num terreno com 400 m² de área, foi construída uma casa ocupando 120 m² desse terreno. Qual é a razão entre a área livre e a área total do terreno?

230 Num tanque com volume de 2 m³ há 800ℓ de combustível. Qual é a razão entre o volume livre do tanque e o volume ocupado? (Cuidado com as unidades). Lembre-se: 1 dm³ = 1 ℓ.

231 $\text{Escala de um mapa} = \dfrac{\text{comprimento no mapa}}{\text{comprimento real}}$

Observando o desenho da planta de uma casa verificamos que a frente da casa mede 13 cm. Sabendo que, na realidade, essa casa terá 15,60 m de frente, em que **escala** foi desenhada essa planta?

Resp: **224** Os números são 79 e 61. **225** a) $\begin{cases} x+y=29 \\ x-y=5 \end{cases}$ b) 17 anos **226** 40 copinhos de sorvete foram servidos.

RAZÕES ENTRE GRANDEZAS DE ESPÉCIES DIFERENTES

232

$$\text{Velocidade média} = \frac{\text{distância percorrida}}{\text{tempo gasto}}$$

Um trem gastou duas horas e meia para ir da cidade A até a cidade B.Qual foi a **velocidade média** desse trem, sabendo que essas cidades distam 675 km uma da outra?

233

$$\text{Densidade demográfica} = \frac{\text{número de habitantes}}{\text{área ocupada}}$$

Supondo que o estado de São Paulo tenha 45 milhões de habitantes e uma área de 250 mil km^2, qual é sua **densidade demográfica**? (Estes são dados aproximadas do ano de 2014).

234

$$\text{Densidade de um objeto} = \frac{\text{massa do objeto}}{\text{volume do objeto}}$$

Um objeto maciço feito em aço inoxidável tem massa de 3140 g e volume de 400 cm^3. Qual é a densidade desse objeto?

235

$$\text{Consumo médio de combustível de um veículo} = \frac{\text{distância percorrida}}{\text{volume de combustível gasto}}$$

Um automóvel gastou 56 ℓ de combustível para percorrer 532 km. Qual foi o **consumo médio** de combustível desse veículo?

---

236 Segundo dados de 2012/2013, foram consumidos 34 bilhões de litros de leite no Brasil em um ano. Considerando que a população brasileira era de 200 milhões de habitantes (aproximadamente), qual foi o **consumo médio de leite**, por pessoa, nesse ano?

---

237 Qual é a **densidade demográfica** de uma cidade com 1004 km^2 de área e população de 50.200 habitantes?

(São dados aproximados da cidade de **Itararé**, **São Paulo**, em 2014).

Resp: **227** a) $\frac{2}{3} = 2:3$ b) $\frac{5}{2} = 5:2$ c) $\frac{5}{3} = 5:3$ d) $\frac{1}{5} = 1:5$ e) $\frac{7}{4} = 7:4$ f) $\frac{21}{40} = 21:40$ g) $\frac{8}{9} = 8:9$ h) $\frac{3}{5} = 3:5$ i) $\frac{12}{5} = 12:5$ j) $\frac{16}{15} = 16:15$ **228** $\frac{8}{9}$ **229** $\frac{7}{10}$

230 $\frac{3}{2}$ **231** A escala é de 1 para 120 (1 : 120)

Proporções

Proporção é a igualdade de duas razões.

Exemplo: $\overset{\cdot 2}{\frac{2}{3} = \frac{4}{6}}$ (numerador e denominador multiplicados por 2)

Lê-se: **2 está para 3 assim como 4 está para 6**.

Pode-se, também, escrever:

$$\underbrace{2 : \overbrace{3 = 4}^{}}_{} : 6$$

extremos: 2 e 6; meios: 3 e 4

Por isso, **2** e **6** são chamados de **extremos da proporção** e **3** e **4** são chamados de **meios da proporção**.

Propriedade fundamental das proporções

Numa proporção, o produto dos extremos é igual ao produto dos meios.

Em símbolos:

$$\frac{a}{b} = \frac{c}{d} \; \begin{matrix}\text{meios} \\ \Rightarrow \\ \text{extremos}\end{matrix} \quad a \cdot d = b \cdot c$$

Observe o exemplo:

$$\frac{2}{3} = \frac{4}{6} \Rightarrow \underbrace{2 \cdot 6}_{12} = \underbrace{3 \cdot 4}_{12}$$

238 Aplicando a propriedade fundamental das proporções, verifique se os números dados a seguir formam uma proporção (na ordem dada). Em caso afirmativo, escreva a proporção.

a) 2 , 3 , 6 e 9 (Resolvido)

$2 \cdot 9 \overset{?}{=} 3 \cdot 6$ proporção: $\frac{2}{3} = \frac{6}{9}$

18 = 18 (sim)

b) 5, 3 , 6 e 4

238 c) 10, 5, 8 e 4

d) 2, 8, 6 e 12

e) $\frac{1}{3}, \frac{1}{4}, \frac{1}{6}$ e $\frac{1}{8}$

f) $\frac{2}{3}, \frac{1}{5}, \frac{2}{5}$ e $\frac{1}{10}$

239 Após entender os exemplos resolvidos, determine o valor desconhecido nas proporções dadas. (Use a propriedade fundamental).

Exemplos resolvidos:

(I) $\frac{4}{x} = \frac{10}{5} \Rightarrow 10 \cdot x = 4 \cdot 5 \Rightarrow x = \frac{4 \cdot \overset{1}{\cancel{5}}}{\underset{2}{\cancel{10}}}$

$\Rightarrow x = \frac{4}{2} \Rightarrow \mathbf{x = 2}$

(II) $18 : 6 = x : 4 \Rightarrow 6 \cdot x = 18 \cdot 4 \Rightarrow x = \frac{\overset{3}{\cancel{18}} \cdot 4}{\underset{1}{\cancel{6}}}$

$x = 3 \cdot 4 \Rightarrow \mathbf{x = 12}$

Resp: **232** Vm = 270 km / h **233** d = 180 hab / km² **234** d = 7,85 g / cm³ **235** 9,5 km/ℓ **236** 170 ℓ/pessoa por ano **237** d = 50 hab / km²

239 Determine **x**.

a) $\frac{x}{2} = \frac{80}{32}$

b) $\frac{8}{x} = \frac{4}{7}$

c) $\frac{2}{8} = \frac{3}{x}$

d) $\frac{4}{7} = \frac{x}{35}$

e) $\frac{x}{45} = \frac{2}{9}$

f) $\frac{21}{49} = \frac{x}{7}$

g) $5:100 = 2:x$

h) $x:20 = 1:4$

240 Determine o valor da incógnita (**y**) nas proporções dadas.

a) $\frac{4}{6} = \frac{y+1}{3}$ (Resolvido)

$6 \cdot (y + 1) = 4 \cdot 3$

$6y + 6 = 12$

$6y = 12 - 6 \Rightarrow 6y = 6$

$y = \frac{6}{6} \Rightarrow \mathbf{y = 1}$

b) $\frac{2y}{5} = \frac{16}{20}$

c) $\frac{y-1}{7} = \frac{4}{14}$

d) $\frac{y+3}{8} = \frac{10}{16}$

e) $\frac{y+3}{3} = \frac{y-1}{2}$

f) $\frac{y+3}{4} = \frac{15}{3}$

g) $\frac{y+1}{3} = \frac{y-3}{7}$

h) $\frac{y+1}{5} = \frac{2y}{3}$

Resp: **238** a) Sim $\left(\frac{2}{3} = \frac{6}{9}\right)$ b) Não c) Sim $\left(\frac{10}{5} = \frac{8}{4}\right)$ d) Não e) Sim $\frac{\frac{1}{3}}{\frac{1}{4}} = \frac{\frac{1}{6}}{\frac{1}{8}}$ f) Não

241 Determine o valor de **x** nas proporções seguintes:

a) $\dfrac{\dfrac{x}{3}}{5} = \dfrac{\dfrac{4}{3}}{\dfrac{2}{5}}$ (Resolvido)

$\dfrac{x}{3} \cdot \dfrac{2}{5} = \dfrac{5}{1} \cdot \dfrac{4}{3} \Rightarrow \dfrac{2x}{15} = \dfrac{20}{3}$

$x = \dfrac{\overset{10}{\cancel{20}} \cdot \overset{5}{\cancel{15}}}{\underset{1}{\cancel{3}} \cdot \underset{1}{\cancel{2}}} \Rightarrow \mathbf{x = 50}$

b) $\dfrac{18}{\dfrac{3}{4}} = \dfrac{x}{\dfrac{5}{2}}$

c) $\dfrac{\dfrac{9}{2}}{x} = \dfrac{3}{\dfrac{2}{3}}$

d) $\dfrac{\dfrac{12}{5}}{\dfrac{1}{5}} = \dfrac{x}{\dfrac{1}{4}}$

e) $\dfrac{\dfrac{1}{10}}{3} = \dfrac{\dfrac{5}{3}}{x}$

f) $\dfrac{x}{8} = \dfrac{\dfrac{3}{4}}{4,5}$

PROBLEMAS ENVOLVENDO RAZÕES E PROPORÇÕES

242 A soma de dois números é 60 e a razão entre eles é igual a $\frac{5}{7}$. Determine esses números.

Resolução: **x** ⟶ número menor

y ⟶ número maior

Equacionando, temos:

$$\begin{cases} (1)\ x + y = 60 \\ (2)\ \dfrac{x}{y} = \dfrac{5}{7} \end{cases}$$

Agora, basta resolver esse sistema. Aqui, o Método da substituição parece melhor.

(1) x + y = 60

Isolemos o **y**:

$\boxed{y = 60 - x}$ (3)

Substituimos (3) em (2):

$$(2)\ \frac{x}{y} = \frac{5}{7} \Rightarrow \frac{x}{60 - x} = \frac{5}{7}$$ (propriedade fundamental)

$$7x = 5 \cdot (60 - x) \Rightarrow 7x = 300 - 5x$$

$$7x + 5x = 300 \Rightarrow 12x = 300$$

$$x = \frac{300\ {:}6}{12\ {:}6} = \frac{50}{2} \Rightarrow \mathbf{x = 25}$$

Substituindo em (3):

$$y = 60 - x \Rightarrow y = 60 - 25 \Rightarrow \mathbf{y = 35}$$

Resposta: Os números pedidos são 25 e 35.

243 O álcool e a gasolina estão misturados na razão de 1 para 4. No tanque de 60 litros de um automóvel, qual é a quantidade de álcool e de gasolina?

Resp:

239	a) x = 5	b) x = 14	c) x = 12	d) x = 20	e) x = 10	f) x = 3	g) x = 40	h) x = 5
240	a) y = 1	b) y = 2	c) y = 3	d) y = 2	e) y = 9	f) y = 17	g) y = – 4	h) $y = \frac{3}{7}$

244 Numa festa a que compareceram 120 pessoas, a razão entre o número de rapazes e o número de moças é de $\frac{3}{2}$. Calcule o número de rapazes e de moças que compareceram a essa festa.

---

245 Num colégio, a diferença entre o número de alunas e de alunos é 100. Sendo a razão entre os números de alunas e de alunos igual a $\frac{4}{3}$, qual é o total de estudantes desse colégio?

---

246 A diferença entre dois números é 8 e o maior está para 9 assim como o menor está para 5. Determine esses números.

247 Um retângulo tem 42 cm de perímetro e a razão entre o comprimento e a largura é $\frac{4}{3}$. Determine as dimensões desse retângulo.

248 Numa prova de um concurso, o total de acertos obtidos por um candidato está para 7, assim como o total de erros está para 5. Quantos acertos e quantos erros obteve esse candidato, se a prova consistia em 180 testes?

249 Num sítio há porcos e galinhas. Sabe-se que a razão entre o número de porcos e o número de galinhas é de 5 para 7 e a diferença entre a quantidade de galinhas e de porcos é 12. Quantos porcos e quantas galinhas há nesse sítio?

Resp: **241** a) $x = 50$ b) $x = 60$ c) $x = 1$ d) $x = 3$ e) $x = 50$ f) $x = \frac{4}{3}$ **242** 25 e 35

243 A = 12 e G = 48

DIVISÃO EM PARTES DIRETAMENTE PROPORCIONAIS

Problemas resolvido: Dividir o número 115 em partes **diretamente proporcionais** aos números 3, 8 e 12.

Resolução:

Chamemos esses três números procurados de **x, y** e **z**, **respectivamente**.

Como são **diretamente proporcionais** a 3, 8 e 12, podemos escrever:

(1) $\frac{x}{3} = \frac{y}{8} = \frac{z}{12} = m$ (constante de proporcionalidade direta).

Por outro lado, a soma dessas três partes vale 115, portanto:

(2) $x + y + z = 115$

Então, agora basta resolver o sistema de equações.

$$\begin{cases} (1)\ \frac{x}{3} = \frac{y}{8} = \frac{z}{12} = m \\ (2)\ x + y + z = 115 \end{cases}$$

De $\frac{x}{3} = m$ obtemos $\mathbf{x = 3m}$

Analogamente

$\frac{y}{8} = m \Rightarrow \mathbf{y = 8m}$

$\frac{z}{12} = m \Rightarrow \mathbf{z = 12m}$

Substituindo em (2),

$3m + 8\,m + 12\,m = 115$ obtemos o valor de **m**.

$23\,m = 115 \Rightarrow m = \frac{115}{23} \Rightarrow \mathbf{m = 5}$

Portanto:

$x = 3m \Rightarrow x = 3 \cdot 5 \Rightarrow \mathbf{x = 15}$

$y = 8m \Rightarrow y = 8 \cdot 5 \Rightarrow \mathbf{y = 40}$

$z = 12m \Rightarrow z = 12 \cdot 5 \Rightarrow \mathbf{z = 60}$

Resposta: **15**, **40** e **60** são as partes em que foi dividido o número 115.

DIVISÃO EM PARTES INVERSAMENTE PROPORCIONAIS

Problema resolvido: Dividir o número 144 em partes **inversamente proporcionais** aos números 3, 4 e 12.

Resolução:

Chamemos essas três partes de **x, y** e **z**, **respectivamente**.

Inversamente proporcionais é o mesmo que diretamente proporcionais ao inverso, portanto.

$$\frac{x}{\frac{1}{3}} = \frac{y}{\frac{1}{4}} = \frac{z}{\frac{1}{12}} = n \quad \text{(constante de proporcionalidade inversa)}$$

, ou seja,

$$\frac{x}{1} \cdot \frac{3}{1} = \frac{y}{1} \cdot \frac{4}{1} = \frac{z}{1} \cdot \frac{12}{1} = n$$

(1) 3x = 4y = 12z = n

Mas a soma das três partes vale 144:

(2) x + y + z = 144

Vamos, agora, resolver o sistema:

$$\begin{cases} (1) \ 3x = 4y = 12z = n \\ (2) \ x + y + z = 144 \end{cases}$$

$3x = n \Rightarrow x = \frac{n}{3}$

$4y = n \Rightarrow y = \frac{n}{4}$

$12z = n \Rightarrow \frac{n}{12}$

Substituindo em (2),

$$\frac{n}{3} + \frac{n}{4} + \frac{n}{12} = 144$$

$$\frac{4n + 3n + n}{12} = 144$$

$$\frac{8n}{12} = 144 \Rightarrow n = \frac{\overset{18}{\cancel{144}} \cdot 12}{\underset{1}{\cancel{8}}} \Rightarrow \mathbf{n = 216}$$

$$x = \frac{n}{3} \Rightarrow x = \frac{216}{3} \Rightarrow \mathbf{x = 72}$$

$$y = \frac{n}{4} \Rightarrow y = \frac{216}{4} \Rightarrow \mathbf{y = 54}$$

$$y = \frac{n}{12} \Rightarrow z = \frac{216}{12} \Rightarrow \mathbf{z = 18}$$

Resposta: Os números (partes) procurados são, respectivamente, **72**, **54** e**18**.

Resp: **244** R = 72 e M = 48 **245** 700 alunos **246** 18 e 10 **247** C = 12 e L = 9 ou C = 9 e L = 12
248 A = 105 e E = 75 **249** P = 30 e G = 42

250 Decompor o número 810 em partes diretamente proporcionais a 2, 3 e 4.

---

251 Reparta 360 em partes inversamente proporcionais a 3 e 6.

252 Um pai repartiu a quantia de R$ 860,00 em partes diretamente proporcionais às notas de matemática que seus três filhos obtiveram, 5 ; 7, 5 e 9. Quanto recebeu cada um?

---

253 Determine a medida de cada um dos ângulos internos de um triângulo, sabendo que a soma deles é 180º e que essas medidas são inversamente proporcionais aos numeros 1, 6 e 3. Diga como se classifica esse triângulo quanto à medida de seus ângulos. Por quê?

254 Uma empresa é formada por três sóscios A, B e C. O sócio A entrou com um capital de R$ 12.000,00, o sócio B, com R$ 3.600,00 e o sócio C, com R$ 2.400,00. Após um certo tempo, houve um lucro de R$ 6.000,00. Quanto foi distribuído de lucro a cada sócio?

---

255 Como recuperação, a professora de matemática distribuiu 154 exercícios entre cinco alunos, dividindo-os em partes inversamente proporcionais às notas que cada um tirou na prova. Sabendo que as notas foram 1 ; 3 ; 3 ; 4 e 4,5, quantos exercícios fez cada aluno?

256 Donald repartiu 144 figurinhas entre seus três sobrinhos Huguinho, Luisinho e Zezinho, em partes diretamente proporcionais às suas idades: 6 anos, 8 anos e 10 anos, respectivamente. Quantas figurinhas recebeu cada um?

---

257 Um prêmio deve ser distribuído entre três funcionários de uma empresa, em partes inversamente proporcionais aos números de faltas que tiveram durante o ano. Sabe-se que o funcionário A faltou 2 dias, o funcionário B faltou 3 dias e o funcionário C faltou 6 dias e receberá a quantia de R$ 750,00. Quanto receberá cada um dos outros dois funcionários e qual o total do prêmio que deverá ser distribuído?

Resp: **250** Respectivamente, 180, 270 e 360

251 Respectivamente, 240 e 120

252 Respectivamente, R$ 200,00, R$ 300,00 e R$ 360,00

253 120°, 20° e 40°. Triângulo obtusângulo.

REGRAS DE TRÊS SIMPLES (Somente duas grandezas)

GRANDEZAS DIRETAMENTE PROPORCIONAIS

Problema resolvido: Uma máquina produz 600 parafusos em 3 horas. Quantas horas levará essa máquina para produzir 5000 parafusos?

Resolução:

Fazemos um esquema para dispor os dados do problema:

Quantidade de parafusos	Tempo (em horas)
600	3
5 000	x

Verificamos se essas duas grandezas são diretamente ou inversamente proporcionais.

Como são **diretamente proporcionais**, podemos escrever a proporção

$$\frac{600}{5000} = \frac{3}{x}$$

Agora, determinamos **x** nessa proporção.

$$\frac{600}{5000} = \frac{3}{x} \Rightarrow 600 \cdot x = 5000 \cdot 3$$

$$x = \frac{50\cancel{00} \cdot \cancel{3}^{1}}{\cancel{6}\cancel{00}_{2}} \Rightarrow x = \frac{50}{2} \Rightarrow \mathbf{x = 25}$$

Resposta: Levará 25 horas.

GRANDEZAS INVERSAMENTE PROPORCIONAIS

Problema resolvido: Uma pessoa, andando a 6 km/h, percorre uma certa distância em 4 horas. A que velocidade deverá andar essa pessoa para percorrer essa mesma distância em 3 horas?

Resolução:

Fazemos um esquema para dispor os dados do problema:

Velocidade (km/h)	Tempo (horas)
6	4
x	3

Verificamos se essas duas grandezas são diretamente ou inversamente proporcionais.

Como são **inversamente proporcionais**, escrevemos uma proporção "mantendo" uma "coluna" e "invertendo" a outra.

$$\frac{6}{x} = \frac{3}{4}$$

Agora, determinamos **x** nessa proporção.

$$\frac{6}{x} = \frac{3}{4} \Rightarrow 3 \cdot x = 6 \cdot 4$$

$$x = \frac{\overset{2}{\cancel{6}} \cdot 4}{\underset{1}{\cancel{3}}} \Rightarrow \mathbf{x = 8}$$

Resposta: Deverá andar a 8 km/h.

Justificativa dessa regra prática

Como **6 km/h** e **x km/h** são inversamente proporcionais a **4 horas** e **3 horas**, é o mesmo que dizer que são diretamente proporcionais aos inversos de 4 h e 3 h, portanto:

$$\frac{6}{\frac{1}{4}} = \frac{x}{\frac{1}{3}} \Rightarrow \frac{6}{1} \cdot \frac{4}{1} = \frac{x}{1} \cdot \frac{3}{1}$$

$3x = 6 \cdot 4$, ou seja ,

$$\boxed{\frac{6}{x} = \frac{3}{4}}$$ como na regra prática

Resp: **254** A = R$ 4.000,00, B = R$ 1.200,00 e C = R$ 800,00
255 Respectivamente, 72, 24, 24, 18 e 16 exercícios
256 H = 36 , L = 48 e Z = 60
257 A = 2250 , B = 1500 , total = 4500

258 Com 5 kg de ferro são feitas 135 estatuetas. Quantas estatuetas serão feitas com 17 kg de ferro?

---

259 Um ciclista percorre 40 km em 2 horas. Quanto tempo levará para percorrer 60 km?

---

260 Sabendo que 10 máquinas asfaltam uma estrada em 50 dias, quantas máquinas serão necessárias para asfaltar essa mesma estrada em 20 dias?

---

261 Um livro de 210 páginas é impresso tendo 80 linhas por página. Se o mesmo livro fosse impresso com 240 páginas, qual seria o número de linhas por página?

262 Um prédio de 60 m de altura projeta uma sombra de 8 m no chão. Qual a altura de uma árvore localizada no jardim desse prédio, que, no mesmo instante, projeta uma sombra de 0,32 m?

---

263 Se 1 minuto corresponde a 60 segundos, quantos segundos teremos em 7 minutos?

---

264 Para um acampamento, 40 pessoas levaram 60 kg de mantimentos. Caso fossem acampar mais 10 pessoas, qual seria a quantidade de alimentos a ser levada?

---

265 2000 insetos destruiram uma lavoura em 9 horas. Em quantas horas, 4500 insetos destruiriam essa mesma lavoura?

266 Duas torneiras esvaziam um barril cheio de óleo em 48 minutos. Se abrirmos mais uma torneira, de mesma vazão que as outras, em quanto tempo esse mesmo barril ficará vazio?

---

267 Um ônibus, percorrendo 720 km por dia, leva 6 dias para fazer uma certa viagem. Sabendo que a volta será feita em 4,5 dias, quantos quilômetros o ônibus deverá percorrer por dia?

---

268 Um relógio atrasa 21 minutos a cada 7 dias. Quantas horas atrasará em 30 dias?

---

269 Em 3 horas, uma pessoa leu 51 páginas de um livro. Sabendo que o livro tem 255 páginas, em quantas horas ela terminará de ler esse livro?

270 Um corredor de Fórmula 1 gastou 2 minutos para dar uma volta num circuito, à velocidade média de 210 km/h. Quanto tempo esse mesmo corredor gastaria para percorrer o circuito com $\frac{1}{3}$ a menos de velocidade média?

271 Com 4 latas de tinta pintou-se uma parede de 280 m^2. Quantos metros quadrados poderiam ser pintados com meia lata de tinta a mais?

272 Na construção de uma quadra de basquete, 20 pedreiros gastam 15 dias. Quanto tempo levaria para construir essa mesma quadra se fossem contratados mais 10 pedreiros?

273 Com 100 kg de milho, obtêm-se 70 kg de fubá. Quantas sacas de 60 kg de fubá podem ser obtidas com 1,5 toneladas de milho?

Resp: **258** 459 estatuetas **259** 3 horas **260** 25 máquinas **261** 70 linhas/página
262 2,4 m **263** 420 segundos **264** 75 kg **265** 4 horas

PROBLEMAS SOBRE PORCENTAGEM

Os problemas de porcentagem podem ser resolvidos por meio de uma regra de três simples e direta:

274 Numa classe de 35 alunos, 20% estão sem uniforme. Quantos alunos estão sem uniforme?

---

275 Ao comprar uma jaqueta que custava R$ 230,00, obtive um desconto de R$ 34,50. Qual foi a taxa percentual de desconto que obtive?

---

276 Num ônibus de turismo estão viajando 36 passageiros, o que equivale a 75% da lotação máxima desse ônibus. Se esse ônibus estivesse com a lotação máxima, quantos passageiros estariam viajando?

277 O preço da tarifa de transporte público subiu de R$ 2,00 para R$ 2,30. Qual o valor percentual do aumento?

---

278 Num exame de vestibular com 2400 candidatos 1560 obtiveram nota maior que 5,0. Qual o percentual de candidatos obtiveram nota maior que 5,0?

---

279 Um produto que custava R$ 270,00 passou a custar R$ 310,00. Qual foi o percentual de aumento que ele sofreu?

Resp: **266** 32 min **267** 960 km/dia **268** 1h 30 min **269** 12 h **270** 3 min

271 315 m^2 **272** 10 dias **273** 17,5 sacas

280 Num campeonato de futebol, dos 16 jogos que disputou, um time venceu 10 deles. Qual foi o percentual de vitórias deste time?

---

281 Numa sala de aula com 50 alunos, 4 faltaram à prova. Qual o percentual de comparecimento à prova?

---

282 Numa empresa 30% dos funcionários são homens. Se nesta empresa trabalham 360 homens. Qual o total de funcionários desta empresa?

---

283 Alexandre comprou uma bicicleta e obteve um desconto de R$ 15,00 que equivalem a 5% do preço total da bicicleta. Qual o valor da bicicleta sem o desconto?

284 O Sr. Moisés recebe R$ 2350,00 de salário, gasta 23% com alimentação, 27% com despesas fixas e 21% com outros gastos. Quanto lhe restará em reais no final do mês?

---

285 Qual passará a ser o salário de uma pessoa que recebia R$ 1200,00 mensais e que terá aumento de 27%?

---

286 Preencha a tabela abaixo:

	Valor original	desconto	valor com desconto
a)	R$ 3.200,00		R$ 2.656,00
b)		15%	R$ 34.000,00
c)	R$ 4.320,00	37%	
d)	R$ 8.000,00		R$ 7.000,00

Resp: **274** Logo, 7 alunos estão sem uniforme. **275** Logo, a taxa percentual do desconto que eu obtive foi de 15%
276 Logo, estariam viajando 48 passageiros. **277** 15% **278** 65% **279** 15%

ANOTAÇÕES DE AULA

OPERAÇÕES COM MEDIDAS DE ÂNGULOS

Ângulos

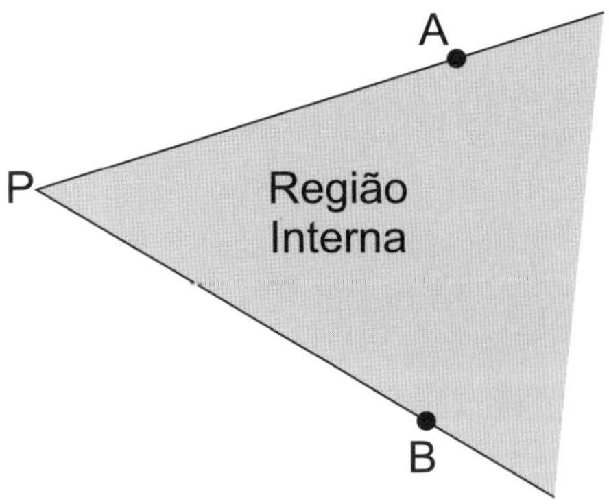

Indica-se:

ângulo $\mathbf{A\widehat{P}B}$ ou $\mathbf{B\widehat{P}A}$

Em casos que não houver dúvidas, indica-se:

Ângulo $\mathbf{\widehat{P}}$

P é o vértice do ângulo

As semirretas $\overrightarrow{PA}$ e $\overrightarrow{PB}$ são os lados do ângulo.

Quando o ângulo se referir à sua região externa, será chamado de **ângulo côncavo**.

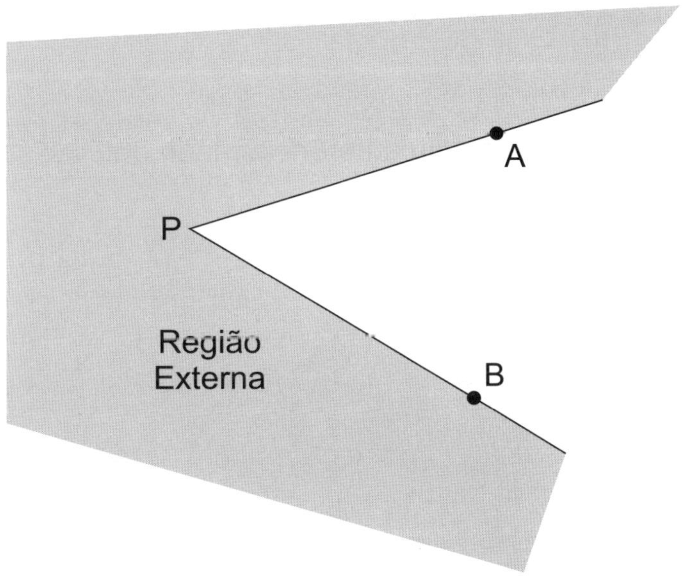

Medida de um ângulo (Grau)

A unidade mais usual para medir ângulos é o **grau** (e seus submúltiplos **minutos** e **segundos**).

Há outras unidades como **grados** e **radianos** que você estudará no Ensino Médio.

Um grau é a medida de um ângulo associado a um arco igual a $\frac{1}{360}$ de uma circunferência com centro no vértice desse ângulo.

Resp: **280** 62,5% **281** 92% **282** 1.200 funcionários **283** R$ 300,00
284 R$ 470,00 **285** R$ 1.524,00 **286** a) 17% b) R$ 40.000,00 c) R$ 2721,60 d) 12,5%

Observe:

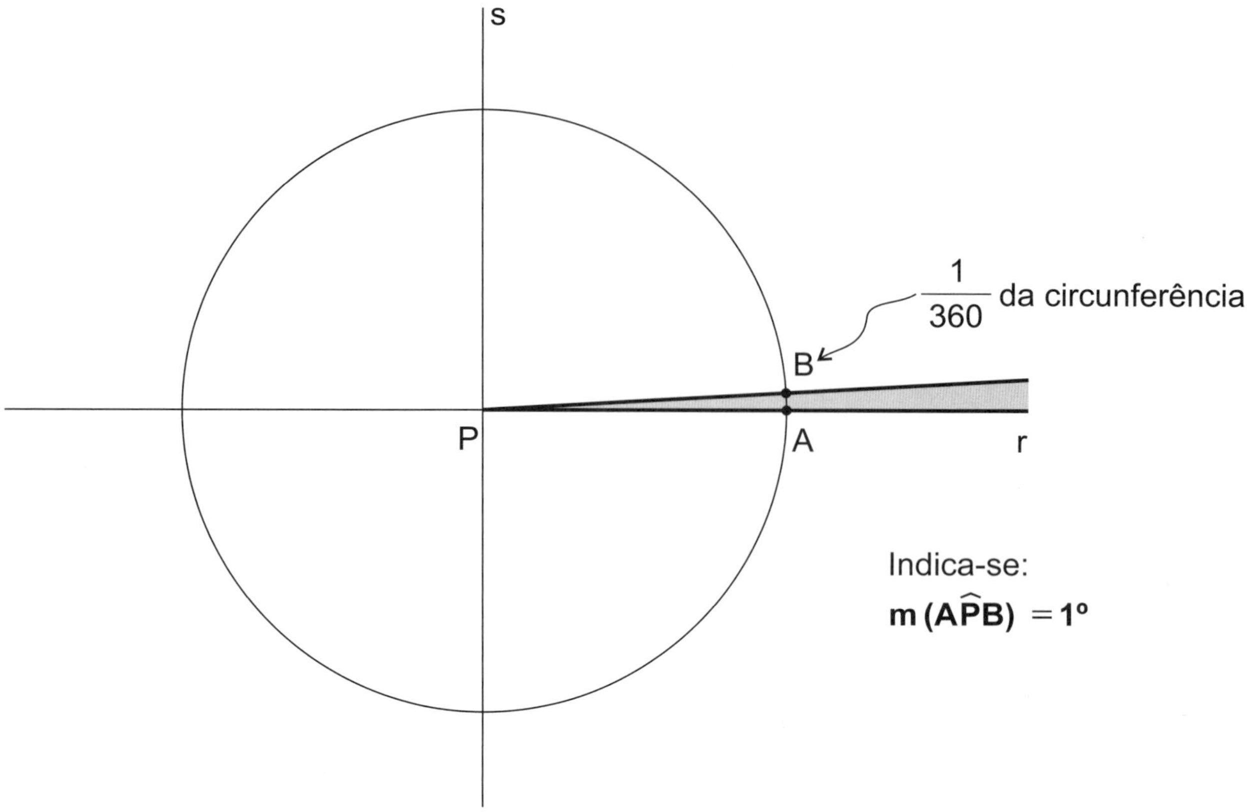

Indica-se:

$\mathbf{m(A\widehat{P}B) = 1^o}$

Lê-se: “medida do ângulo $A\widehat{P}B$ igual a um grau”

Ângulo de uma volta

Um ângulo de uma volta completa na circunferência mede 360º.

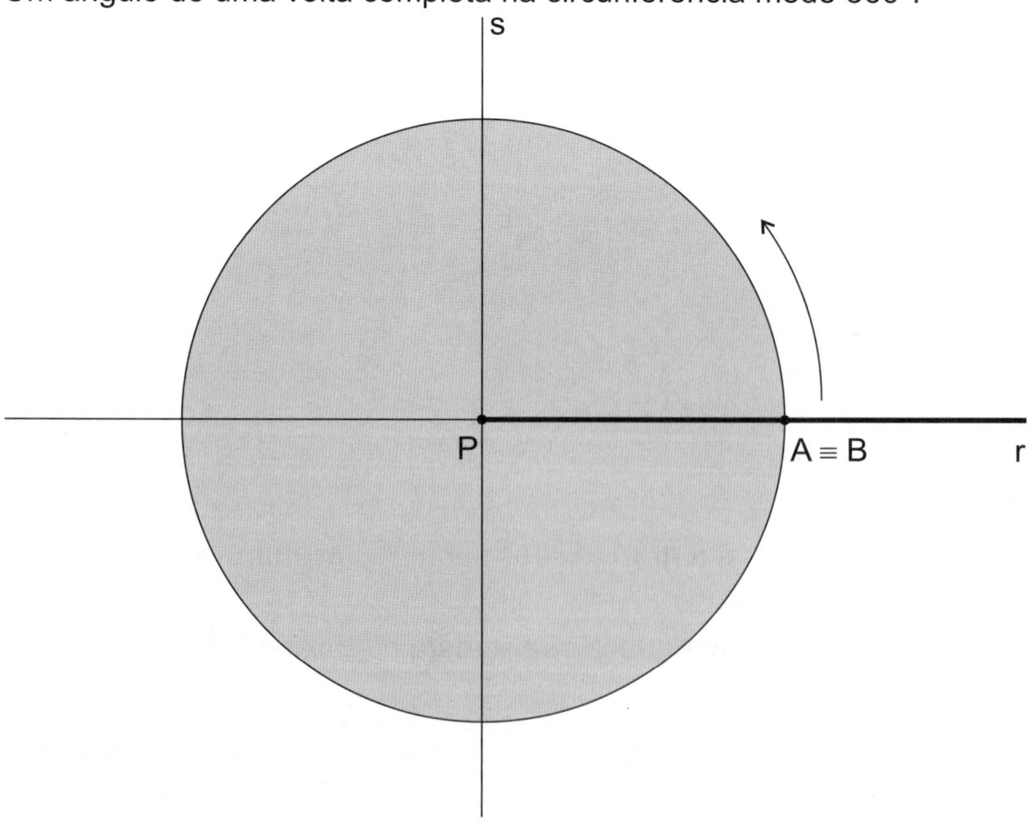

$\mathbf{m(A\widehat{P}B) = 360^o}$

Note que o ponto **B** percorreu toda a circunferência até coincidir com **A** novamente.

Ângulo nulo

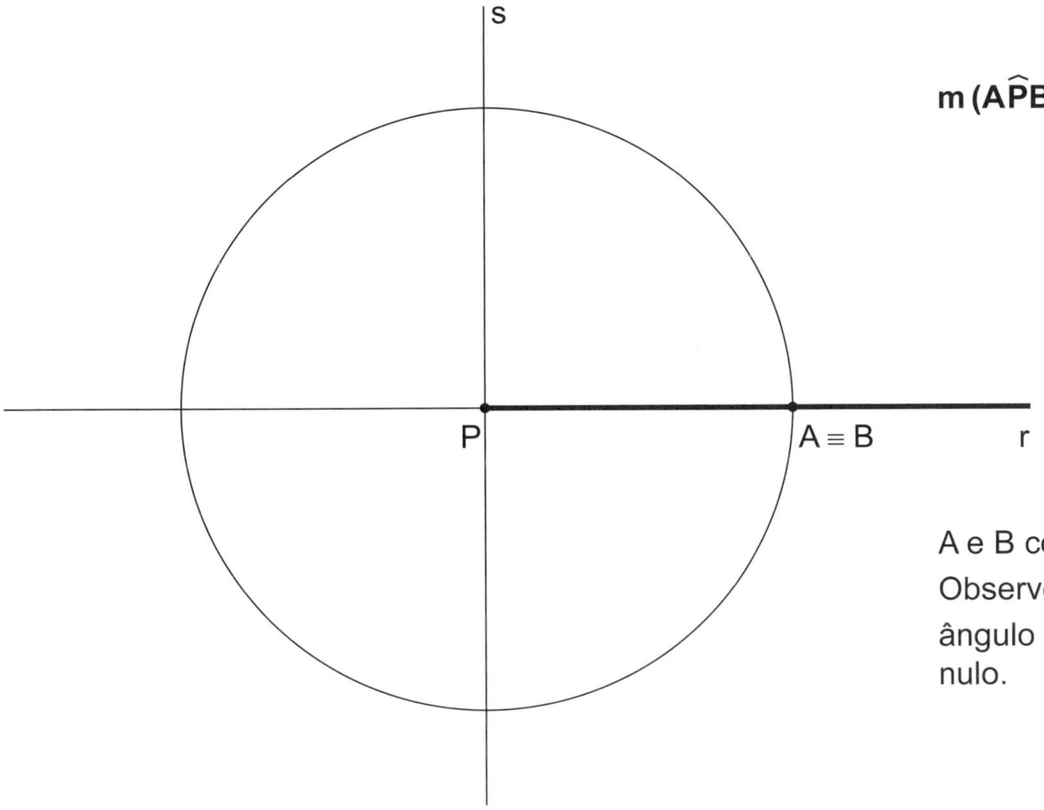

$m(A\widehat{P}B) = 0^{o}$

A e B coincidem.
Observe bem a diferença entre ângulo de uma volta e ângulo nulo.

Ângulo raso (meia volta)

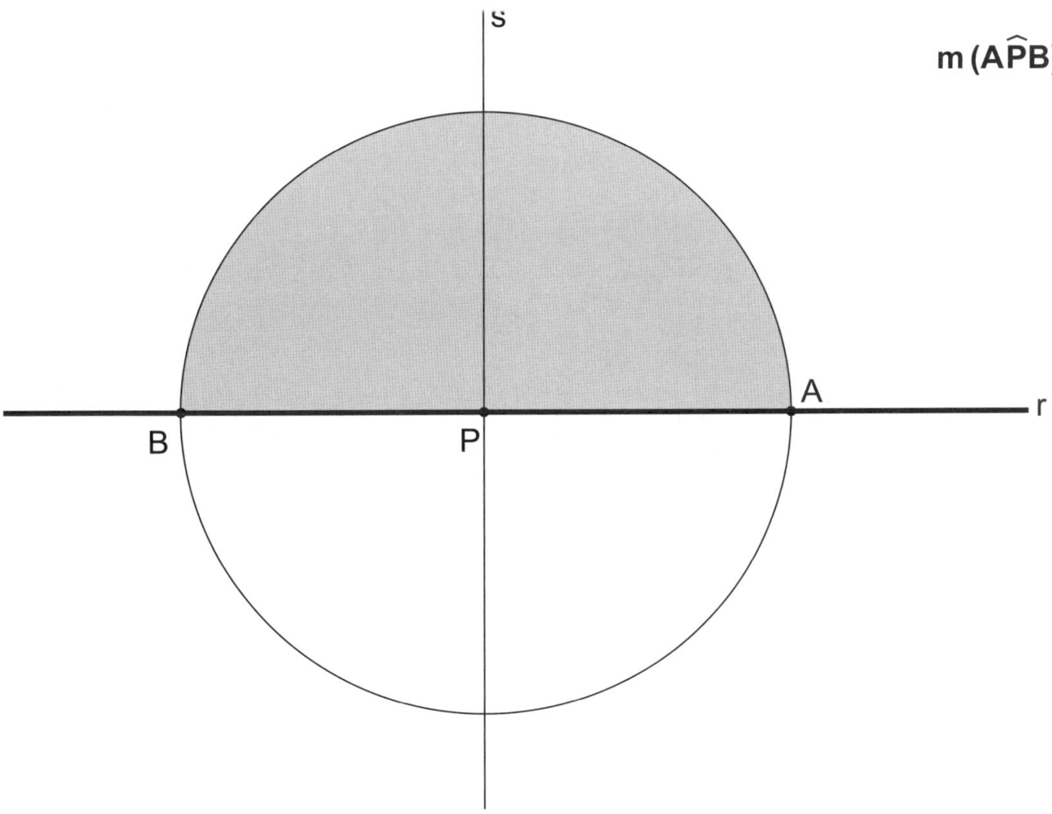

$m(A\widehat{P}B) = \dfrac{360^{o}}{2} = 180^{o}$

Ângulo reto (retas perpendiculares)

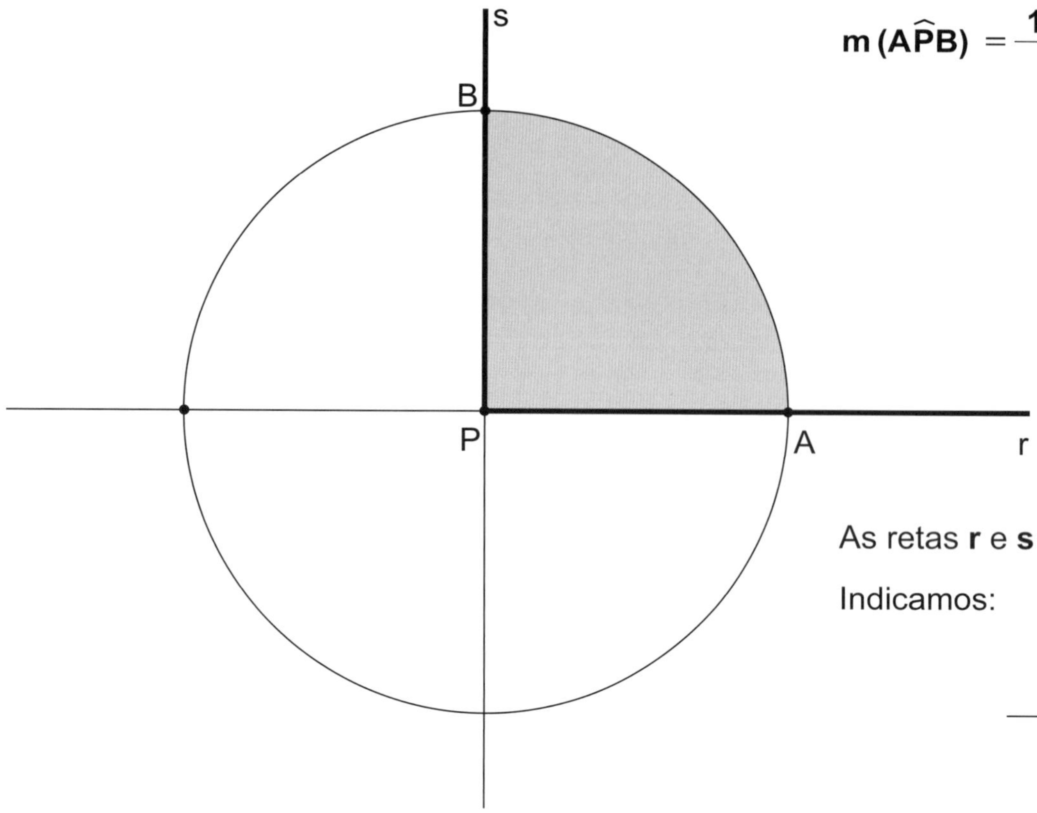

$$m(A\widehat{P}B) = \frac{180^\circ}{2} = 90^\circ$$

As retas **r** e **s** são perpendiculares.

Indicamos:

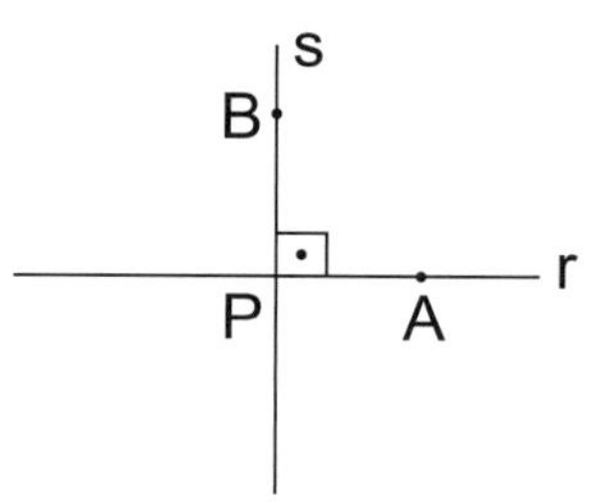

Ângulo de $\frac{3}{4}$ de volta

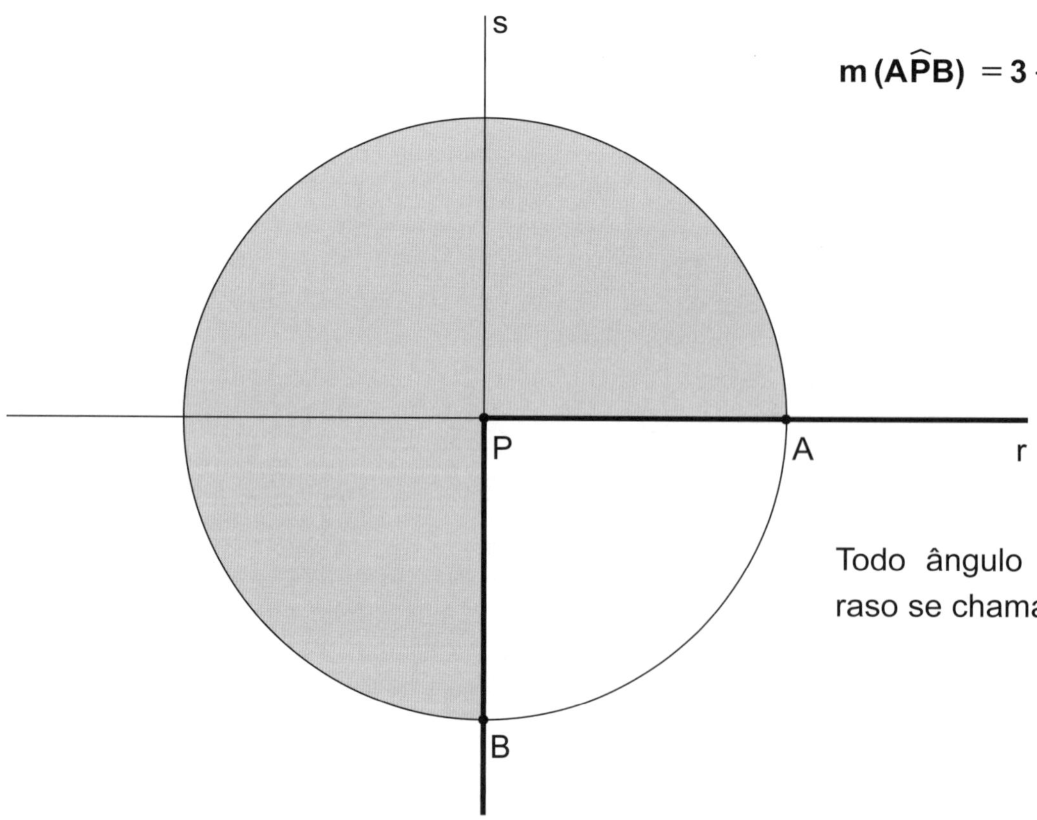

$$m(A\widehat{P}B) = 3 \cdot 90^\circ = 270^\circ$$

Todo ângulo maior que um ângulo raso se chama **ângulo côncavo**.

Observação: quando o enunciado de um problema não especificar nada em contrário, consideraremos, sempre, o ângulo $A\widehat{P}B$ menor que um ângulo raso.

Ângulos congruentes

São aqueles que têm mesma medida.

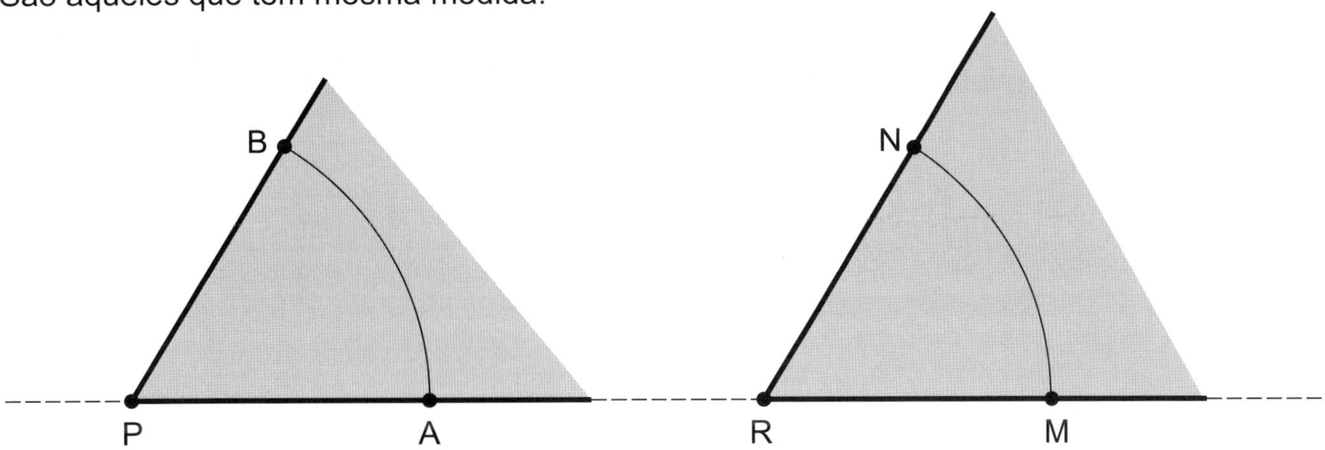

$\mathbf{m(A\widehat{P}B) = m(M\widehat{R}N)}$ **têm medidas iguais** então dizemos que esses ângulos são **congruentes**. Indicamos:

$\mathbf{A\widehat{P}B \cong M\widehat{R}N}$ (ângulos congruentes)

Bissetriz de um ângulo

É a semirreta com origem no vértice desse ângulo que o divide em dois ângulos adjacentes e **congruentes** (de mesma medida).

Observe:

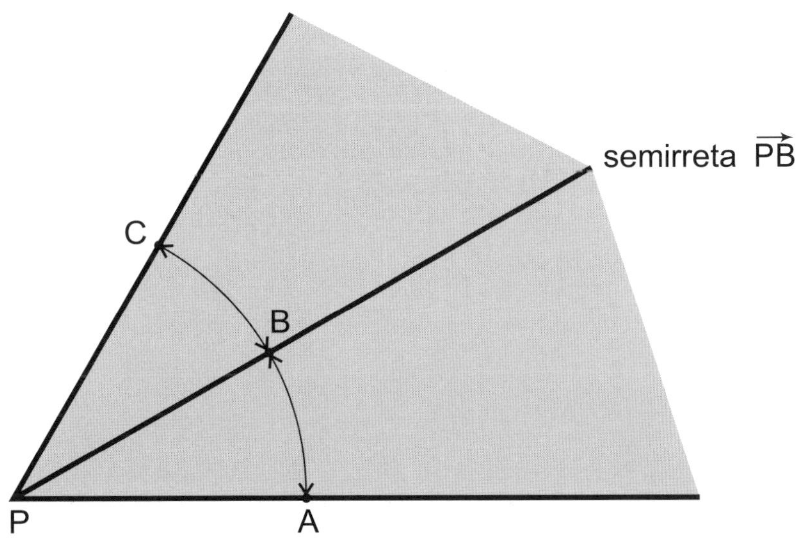

$\overrightarrow{PB}$ é a bissetriz do ângulo $A\widehat{P}C$

$\mathbf{m(A\widehat{P}B) = m(B\widehat{P}C)}$

Submúltiplos de grau

Como ocorre na contagem das horas que é feita em **base 60**, os graus também são divididos em **base 60**. Assim, temos:

$1° = 60'$ ← um grau = 60 minutos

$1' = 60''$ ← um minuto = 60 segundos

Portanto:

$$1° = 60' = (60 \cdot 60)'' = 3600''$$

um grau = 3600 segundos

ÂNGULOS COMPLEMENTARES

Dois ângulos são **complementares** quando a soma de suas medidas for 90º (um ângulo reto).

Dizemos que um deles é o **complemento** do outro.

Observe o exemplo:

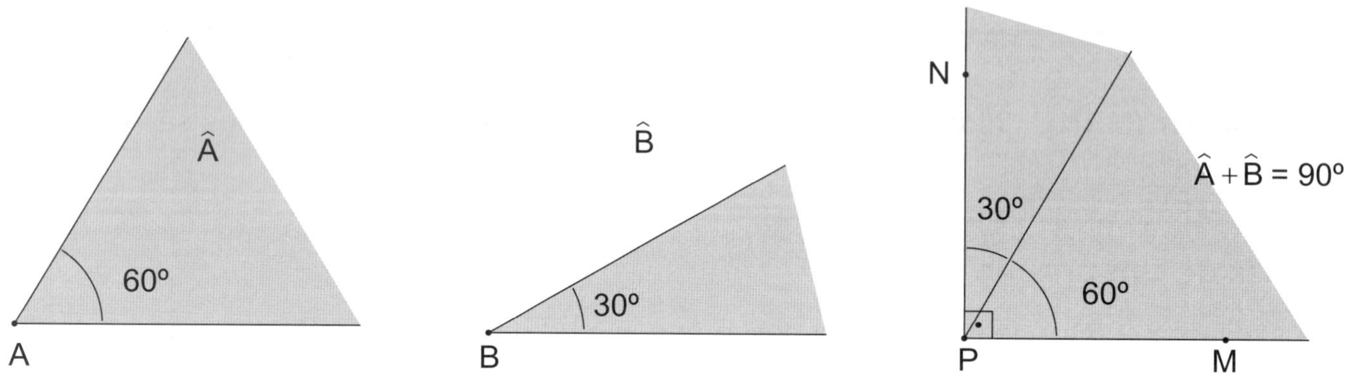

Soma = m $(\widehat{A})$ + m $(\widehat{B})$ = 90º = m $(M\widehat{P}N)$.

$\widehat{A}$ e $\widehat{B}$ são ângulos complementares.

Dizemos que $\widehat{A}$ **é o complemento de** $\widehat{B}$

Outros exemplos:

70º é o complemento de 20º.

40º é o complemento de 50º.

45º é o complemento de 45º.

52º é complemento de 38º.

21º 30' é o complemento de 68º 30'.

ÂNGULOS SUPLEMENTARES

Dois ângulos são **suplementares** quando a soma de suas medidas for 180º (um ângulo raso).

Dizemos que um deles é o **suplemento** do outro.

Observe o exemplo:

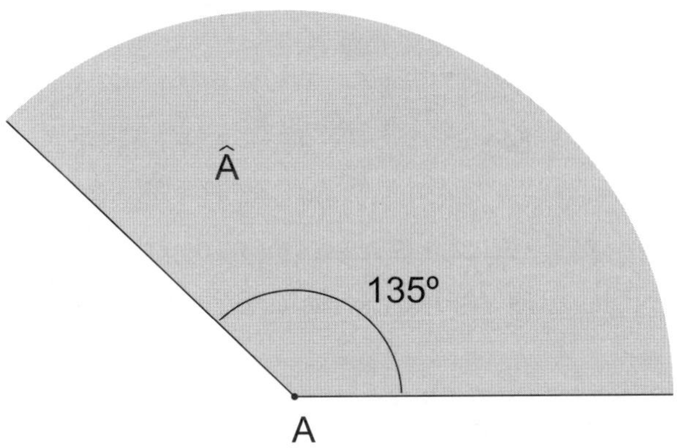

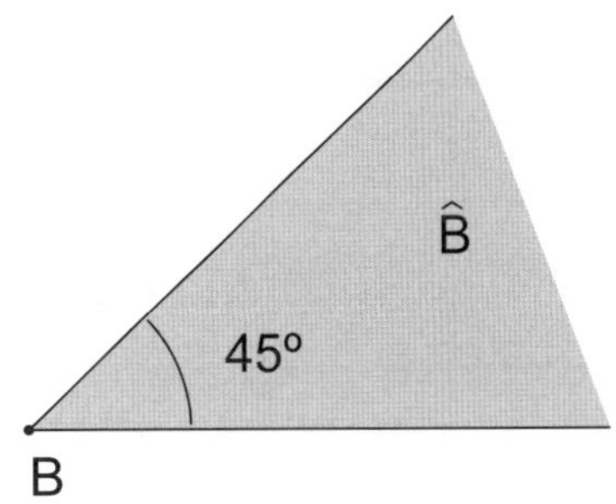

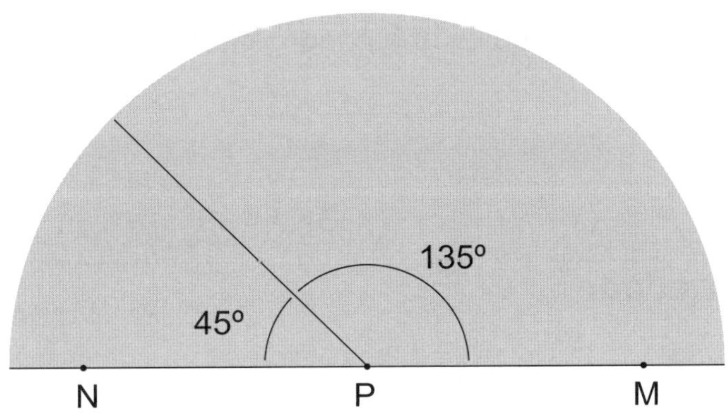

$\widehat{A} + \widehat{B} = 180º$

Soma $= m\ (\widehat{A}) + m\ (\widehat{B}) = 180º = m\ (M\widehat{P}N)$.

$\widehat{A}$ e $\widehat{B}$ são ângulos suplementares.

Dizemos que **$\widehat{A}$ é o suplemento de $\widehat{B}$**

Outros exemplos:

120º é o suplemento de 60º.

90º é o suplemento de 90º.

50º é o suplemento de 130º.

42º 20' é o suplemento de 137º 40'.

ÂNGULOS OPOSTOS PELO VÉRTICE

Dois ângulos não adjacentes determinados por duas retas concorrentes são chamados de **ângulos opostos pelo vértice.**

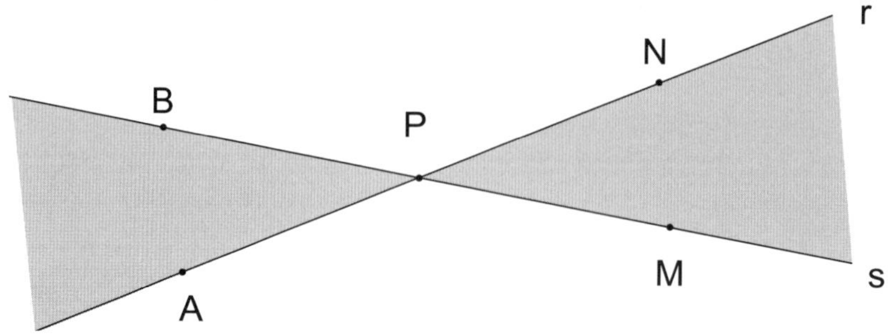

Os ângulos $M\widehat{P}N$ e $A\widehat{P}B$ são opostos pelo vértice. Note que os lados de um desses ângulos são semirretas opostas aos lados do outro:

$$\text{são semirretas opostas} \begin{cases} \overrightarrow{PN} \text{ e } \overrightarrow{PA} \\ \overrightarrow{PM} \text{ e } \overrightarrow{PB} \end{cases}$$

Propriedade: Dois ângulos opostos pelo vértice são congruentes, isto é, têm a mesma medida.

Na figura, temos:

$m\,(M\widehat{P}N) = m\,(A\widehat{P}B)$ e também $m\,(M\widehat{P}N) + m\,(N\widehat{P}B) = 180^\circ$

Demonstração dessa propriedade

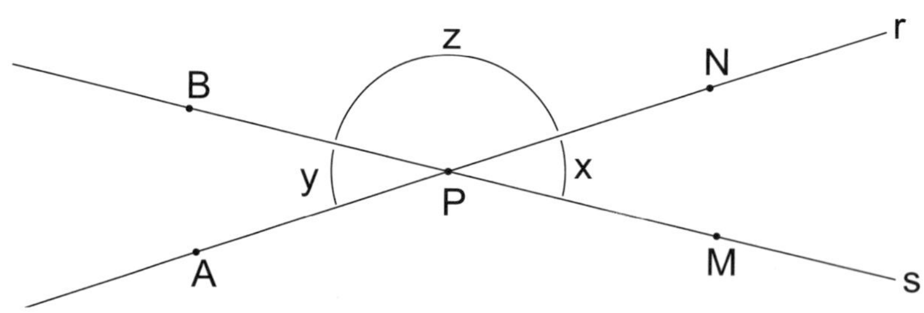

$x = m\,(M\widehat{P}N)$ = medida do ângulo $M\widehat{P}N$

$y = m\,(A\widehat{P}B)$

$z = m\,(N\widehat{P}B)$

Note que

$$-\begin{cases} x + z = 180^\circ & \text{(ângulos suplementares)} \\ z + y = 180^\circ & \text{(ângulos suplementares)} \end{cases}$$

$x + \not{z} - \not{z} - y = 180^\circ - 180^\circ$ (subtraindo membro a membro)

$x - y = 0^\circ$

$\boxed{x = y}$ c.q.d. (como queríamos demonstrar).

287 Calcule os **complementos** dos seguintes ângulos:

a) 80°	b) 30°	c) 20°
d) 45°	e) 12°	f) 53°
g) 22° 30'	h) 67° 15'	i) 5° 12' 46"

288 Calcule os **suplementos** dos seguintes ângulos:

a) 120°	b) 30°	c) 45°
d) 70°	e) 90°	f) 170°
g) 112° 30'	h) 88° 12'	i) 13° 36' 47"

289 Dê o valores das seguintes medidas de ângulos.

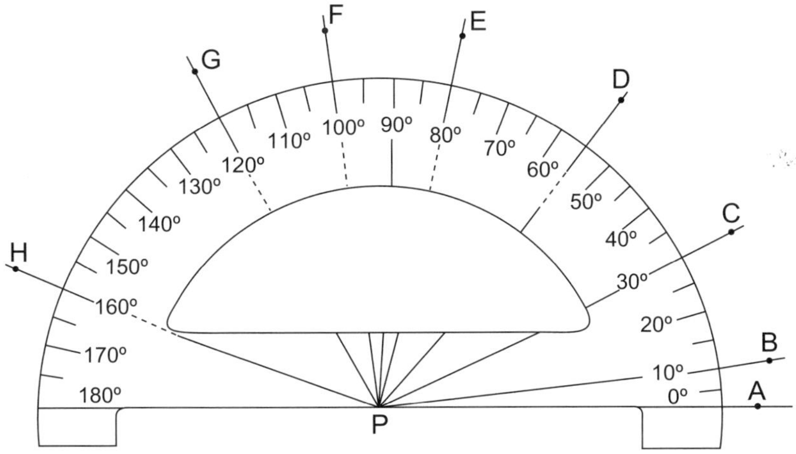

a) m $(A\widehat{P}B)$ =

b) m $(A\widehat{P}C)$ =

c) m $(A\widehat{P}D)$ =

d) m $(A\widehat{P}E)$ =

e) m $(A\widehat{P}F)$ =

f) m $(A\widehat{P}G)$ =

g) m $(A\widehat{P}H)$ =

h) m $(B\widehat{P}C)$ =

i) m $(B\widehat{P}D)$ =

j) m $(C\widehat{P}D)$ =

290 Dê as medidas dos seguintes ângulos:

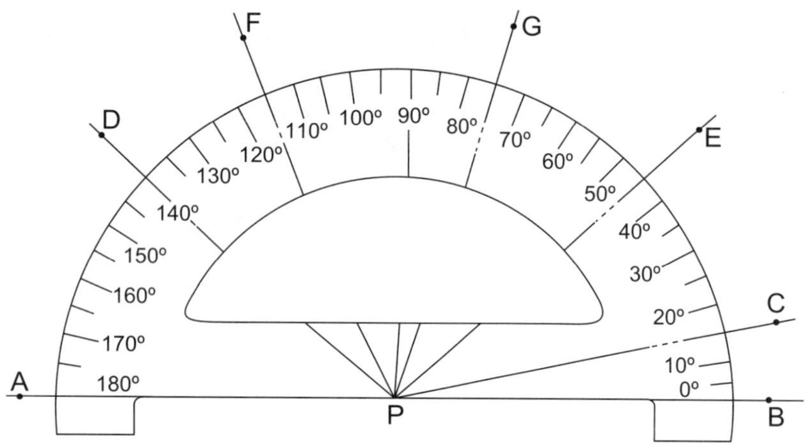

a) m $(A\widehat{P}D)$ =

b) m $(A\widehat{P}B)$ =

c) m $(A\widehat{P}F)$ =

d) m $(A\widehat{P}E)$ =

e) m $(A\widehat{P}G)$ =

f) m $(B\widehat{P}D)$ =

g) m $(B\widehat{P}C)$ =

h) m $(B\widehat{P}F)$ =

i) m $(B\widehat{P}E)$ =

j) m $(B\widehat{P}G)$ =

291 Escreva as seguintes medidas de ângulos:

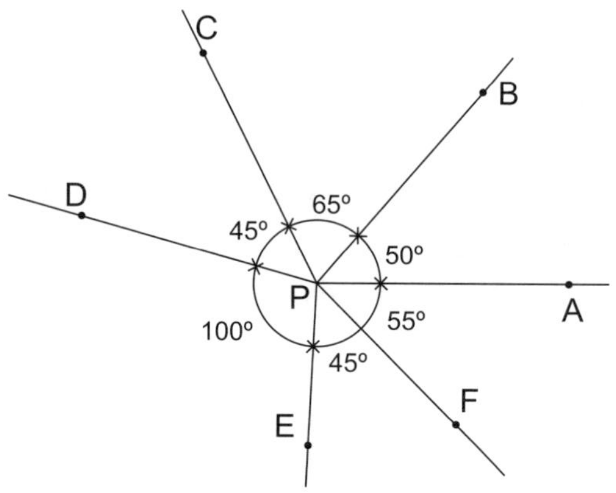

a) m $(A\widehat{P}C)$ =

b) m $(A\widehat{P}D)$ =

c) m $(A\widehat{P}E)$ =

d) m $(B\widehat{P}D)$ =

e) m $(B\widehat{P}F)$ =

f) m $(B\widehat{P}E)$ =

g) m $(C\widehat{P}E)$ =

h) m $(C\widehat{P}F)$ =

292 Dê as medidas dos **ângulos côncavos** indicados:

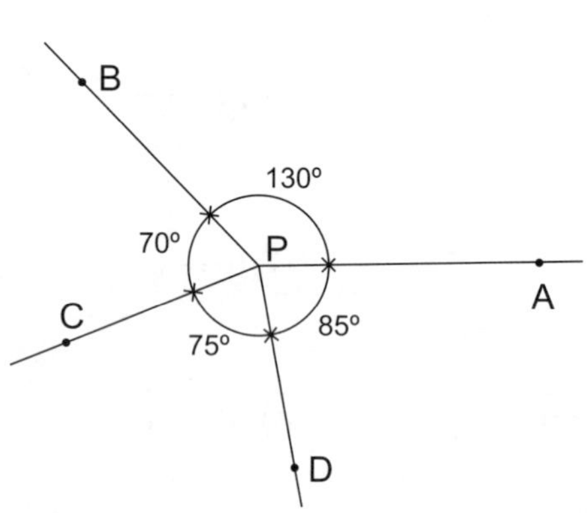

a) m $(A\widehat{P}D)$ =

b) m $(A\widehat{P}C)$ =

c) m $(A\widehat{P}B)$ =

d) m $(B\widehat{P}D)$ =

e) m $(B\widehat{P}C)$ =

f) m $(B\widehat{P}A)$ =

g) m $(C\widehat{P}D)$ =

293 Determine, em cada item, os valores das incógnitas (medidas em graus).

As figuras **não** estão em " **verdadeira grandeza** ".

a)

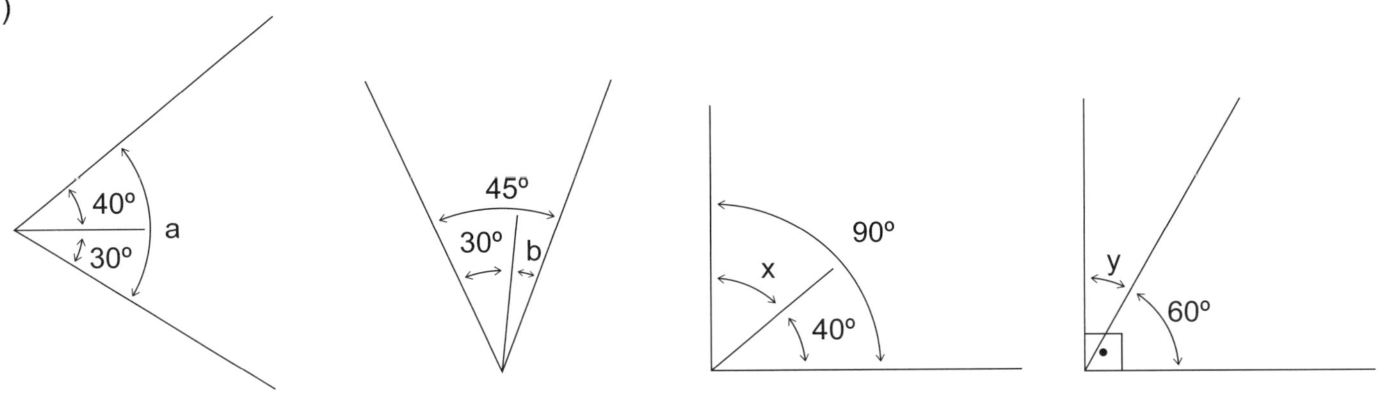

b)

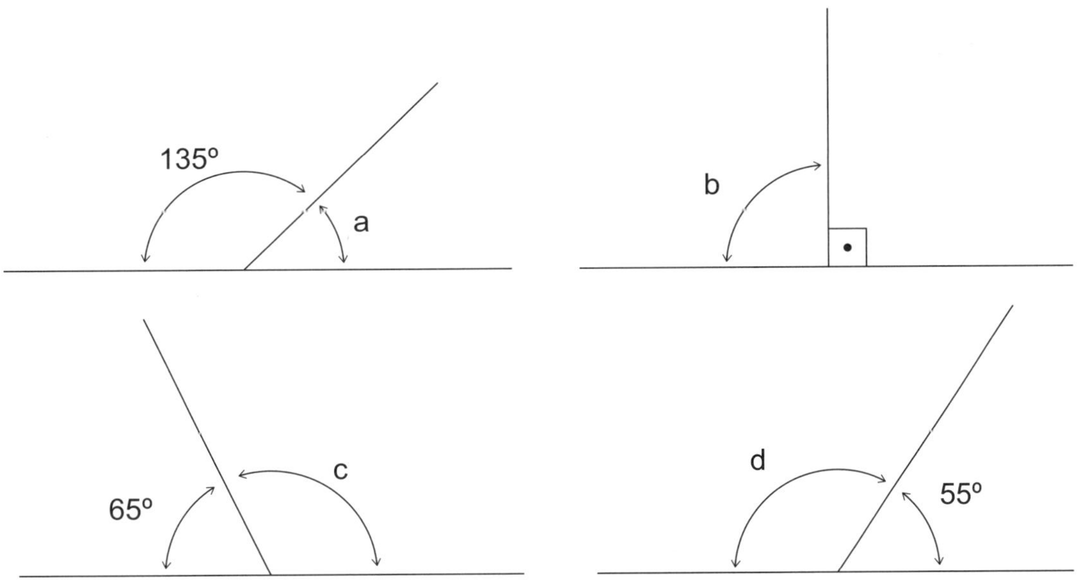

c)

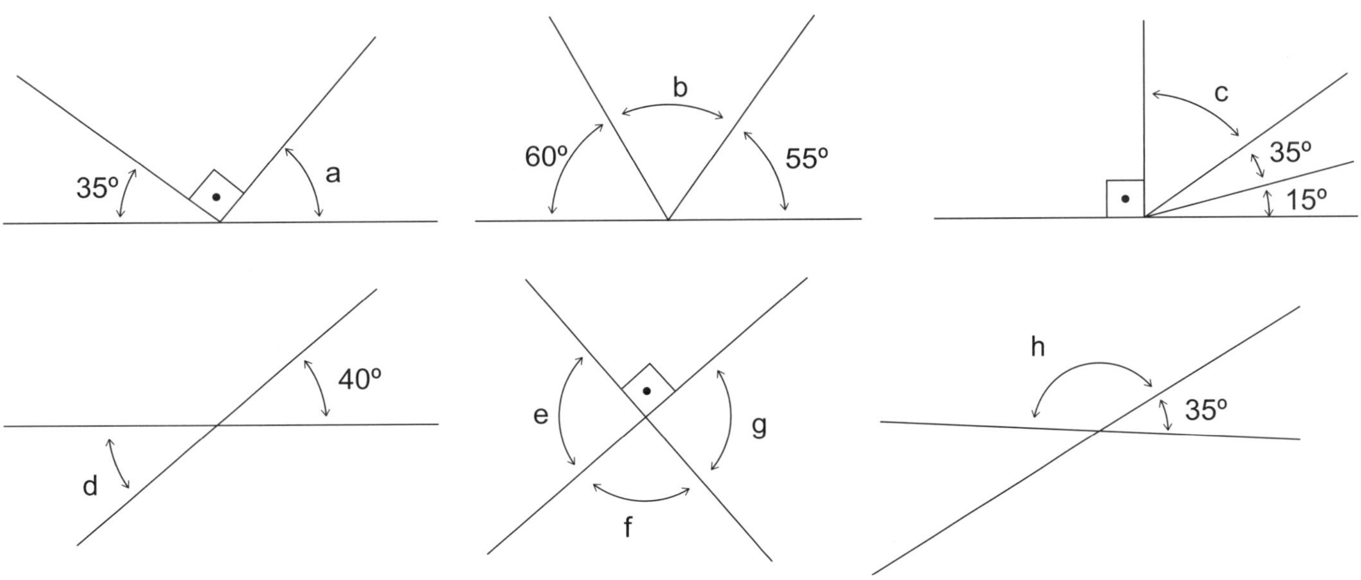

Resp:										
287	a) 10º	b) 60º	c) 70º	d) 45º	e) 78º	f) 37º	g) 67º 30º	h) 22º 45'	i) 84º 47' 14''	
288	a) 60º	b) 150º	c) 135º	d) 110º	e) 90º	f) 10º	g) 67º 30'	h) 91º 48'	i) 166º 23' 13''	
289	a) 10º	b) 30º	c) 55º	d) 80º	e) 100º	f) 120º	g) 160º	h) 20º	i) 45º	j) 25º

294 Determine os valores das incógnitas (as medidas estão em graus):

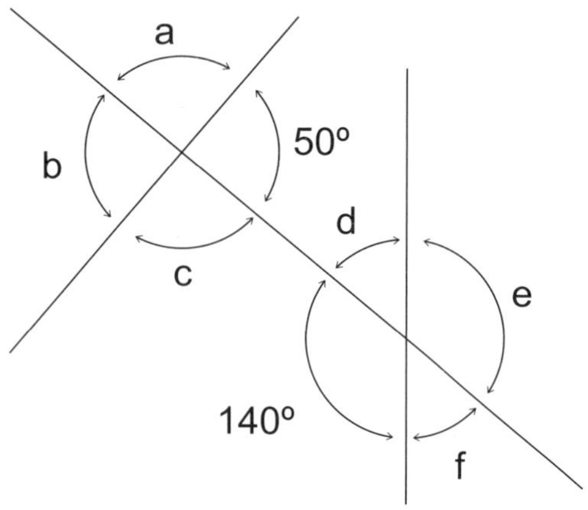

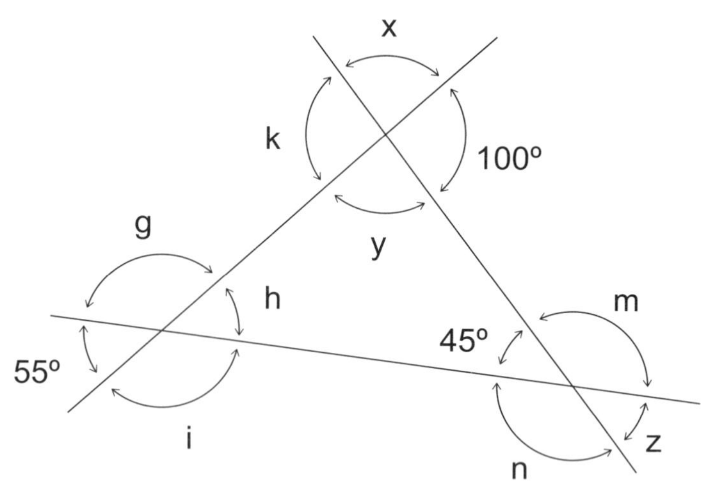

a = b = c =

d = e = f =

g = h = i = x = y =

k = m = n = z =

295 Determine o valor de **x** em cada caso (medidas em graus):

a)

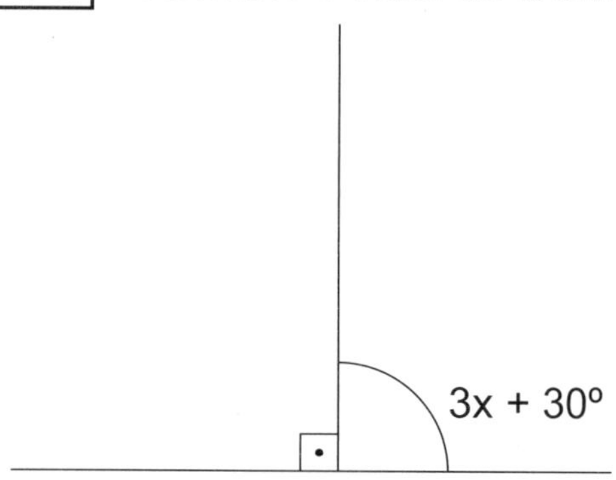

b)

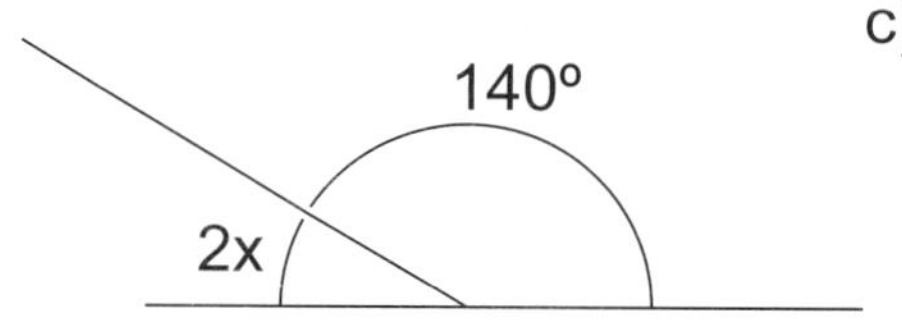

c)

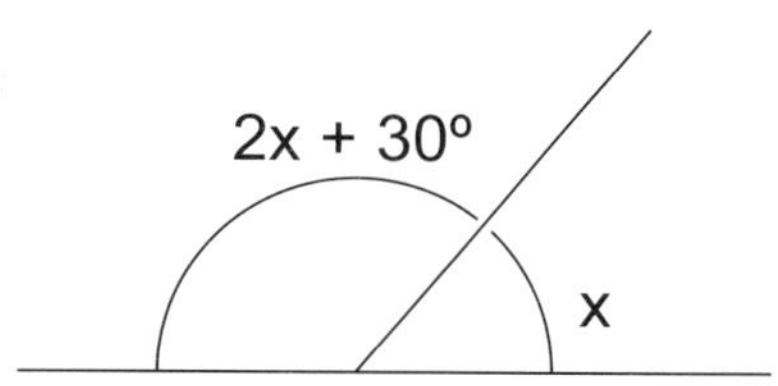

d)

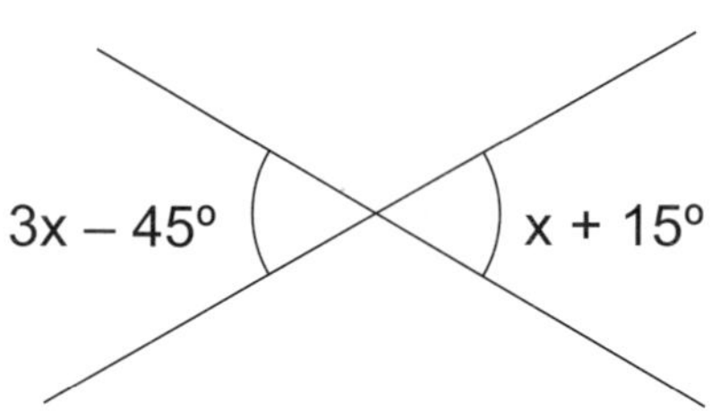

e)

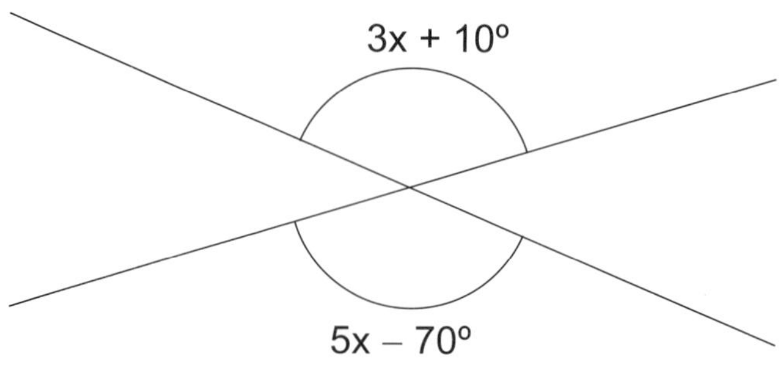

296 Determine os valor de **x** sabendo que $\overrightarrow{PQ}$ é a bissetriz do ângulo $A\hat{P}B$:

a)

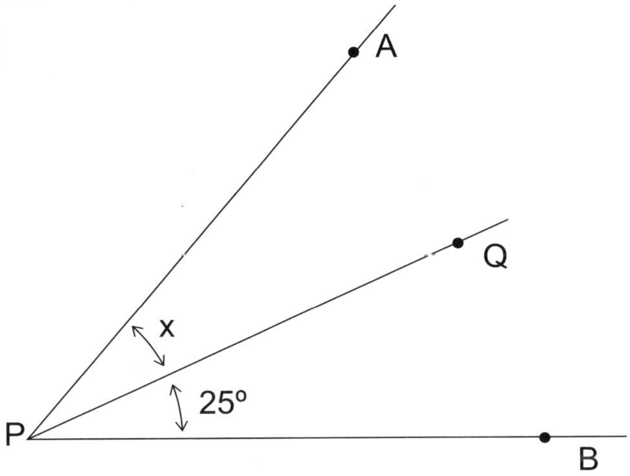

b)

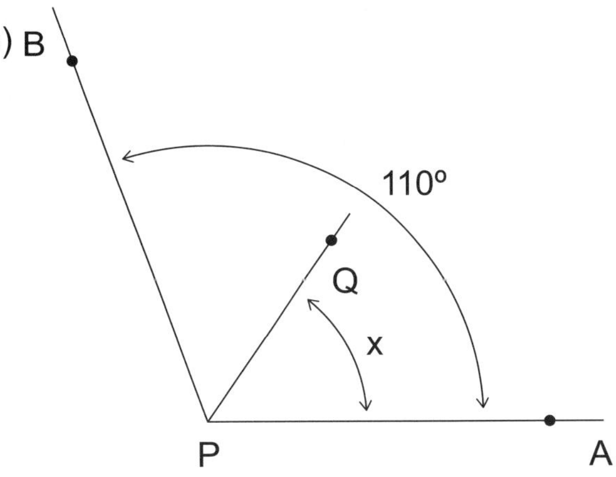

c)

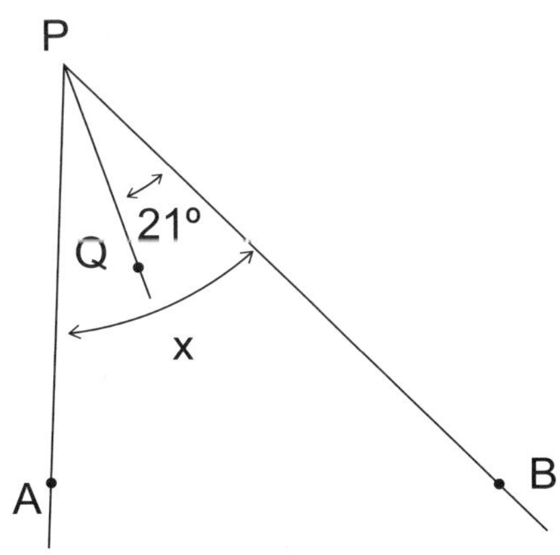

d)

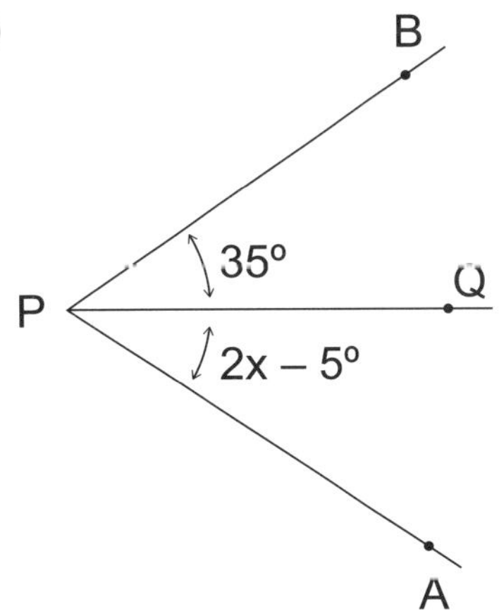

e)

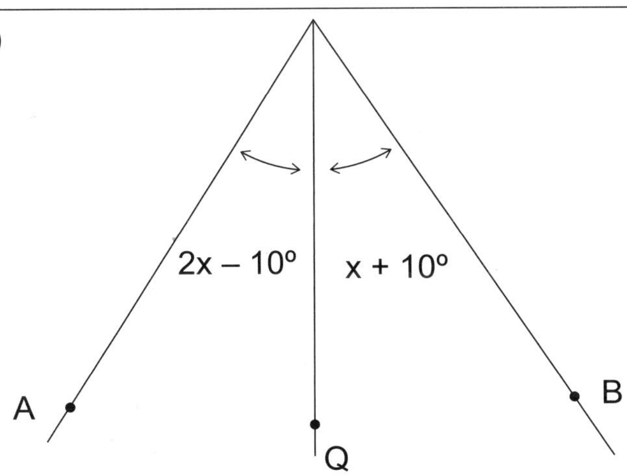

f)

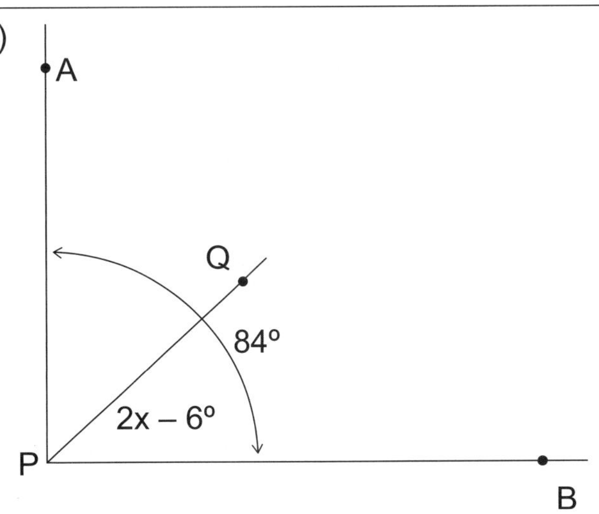

Resp:

290	a) 40º	b) 180º	c) 65º	d) 135º	e) 105º	f) 140º	g) 15º	h) 115º i) 45º j) 75º
291	a) 115º	b) 160º	c) 100º	d) 110º	e) 105º	f) 150º	g) 145º	h) 170º
292	a) 275º	b) 200º	c) 230º	d) 215º	e) 290º	f) 230º	g) 285º	

293 a) (a = 70º) (b = 15º) (x = 50º) (y = 30º) b) (a = 45º) (b = 90º) (c = 115º) (d = 125º) c) (a = 55º) (b = 65º)
(c = 40º) (d = 40º) (e = 90º) (f = 90º) (g = 90º) (h = 145º)

297 Determine, em cada item, os valores das incógnitas. Há casos em que você recairá num sistema de duas equações com duas incógnitas.

a)

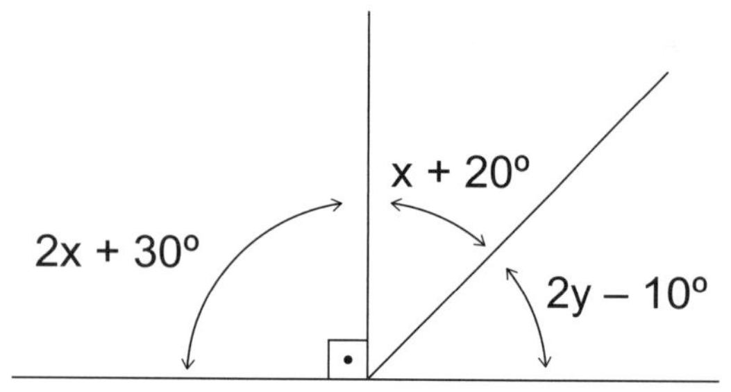

b)

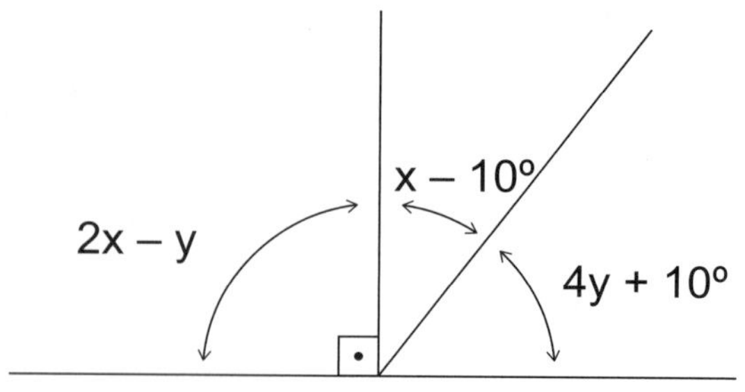

c)

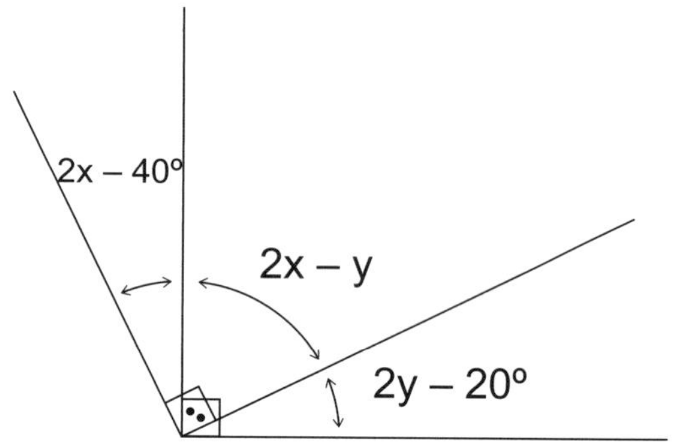

d)

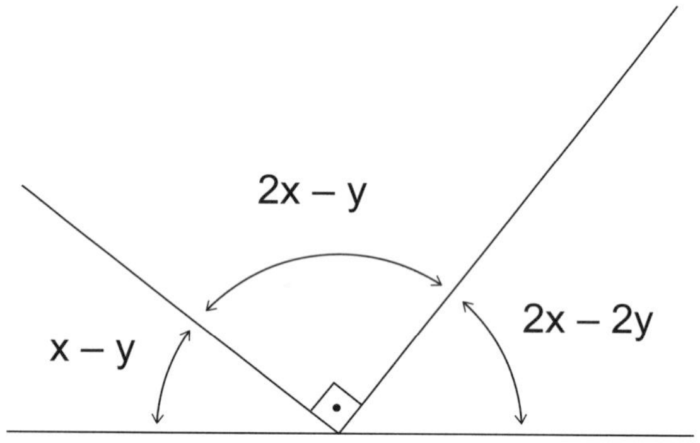

e)

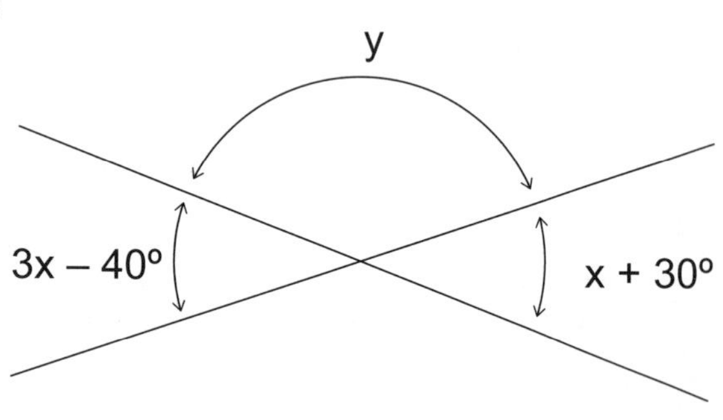

f)

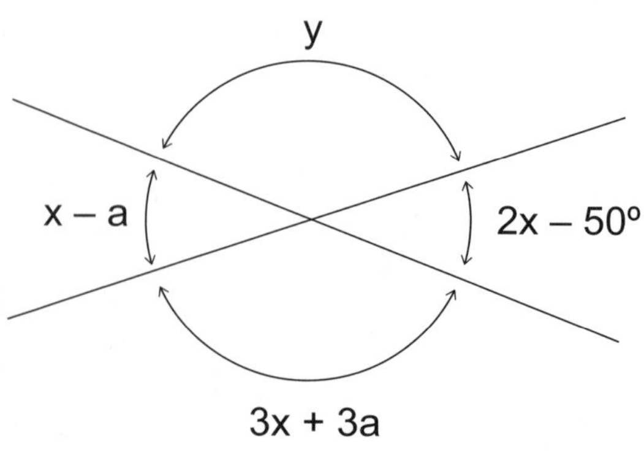

298 Determine o valor de **a** em cada item:

a)

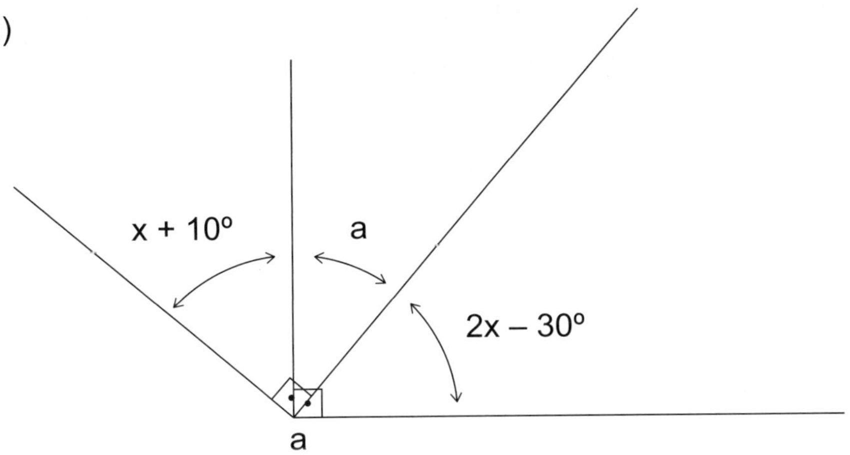

b)

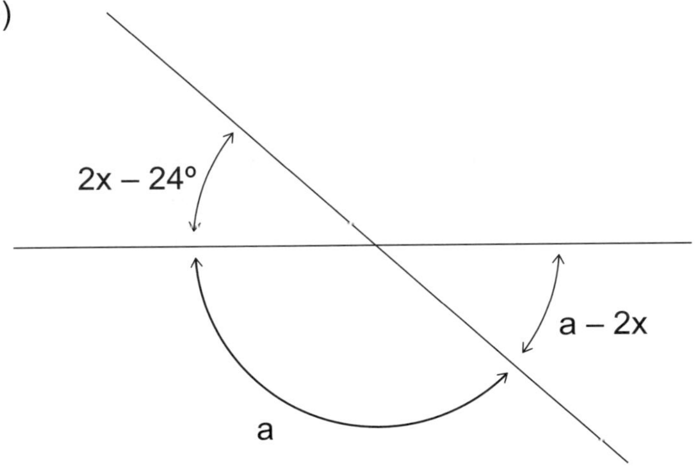

c)

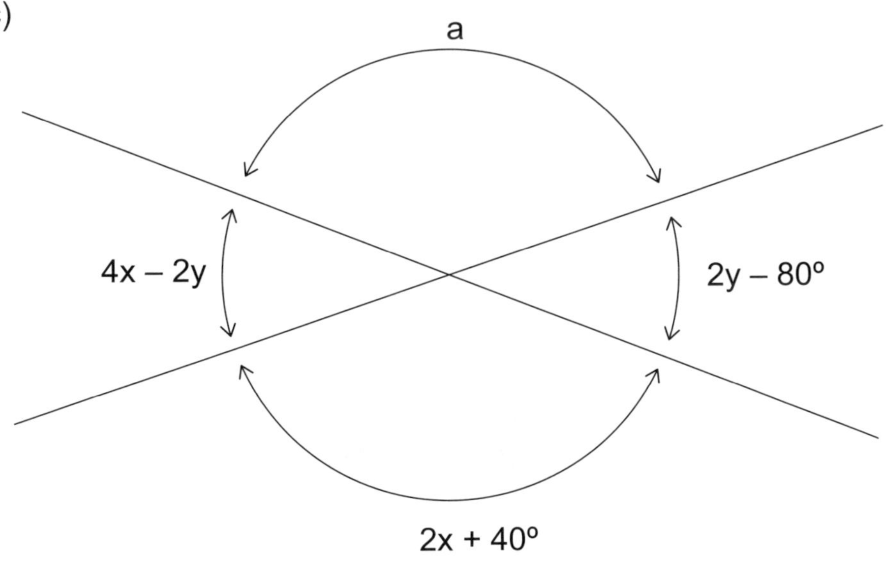

Resp: **294** a) (a = 130º) (b = 50º) (c = 130º) (d = 40º) (e = 140º) (f = 40º) (g = 125º) (h = 55º) (i = 125º) (m = 135º) (n = 135º) (k = 100º) (x = 80º) (y = 80º) (z = 45º) **295** a) 20º b) 20º c) 50º d) 30º e) 40º **296** a) 25º b) 55º c) 42º d) 20º e) 20º f) 24º

PROBLEMAS DA OBI E OBMEP

299 (OBMEP – 2011) Uma formiguinha andou sobre a borda de uma régua, da marca de 6 cm até a marca de 20 cm. Ela parou para descansar na metade do caminho. Em que marca ela parou?

a) 11 cm

b) 12 cm

c) 13 cm

d) 14 cm

e) 15 cm

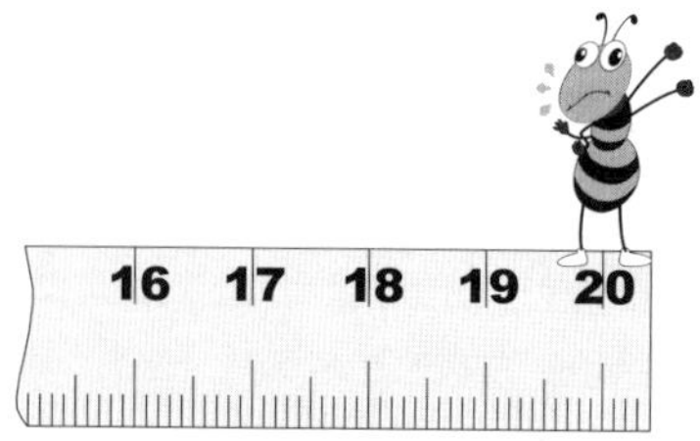

---

300 (OBMEP – 2011) Paulo quer escrever os números de 1 a 9 nos quadradinhos da figura, sem repetir nenhum deles, de modo que a soma dos cinco números na horizontal seja 27 e a soma dos cinco números na vertical seja 22. Que número ele deve escrever no quadradinho cinza?

a) 3

b) 4

c) 5

d) 6

e) 7

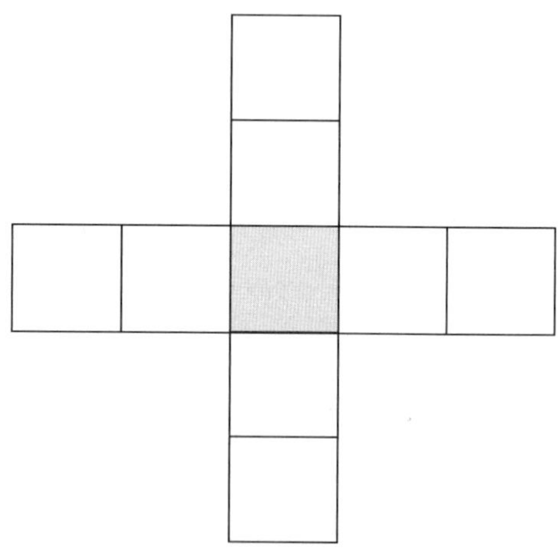

---

301 (OBMEP – 2018) Na conta abaixo, cada letra representa um algarismo diferente. Qual é o algarismo representado pela letra P ?

a) 0

b) 2

c) 5

d) 7

e) 9

$$\begin{array}{r} OBMEP \\ + \quad OBM \\ \hline 20000 \end{array}$$

302 (OBMEP – 2017) Em uma mesa há nove cartões numerados de 1 a 9. Ana e Beto pegaram três cartões cada um. A soma dos números dos cartões de Ana é 7 e a soma dos números dos cartões de Beto é 23. Qual é a diferença entre o maior e o menor dos números dos três cartões deixados sobre a mesa?

a) 3
b) 4
c) 5
d) 6
e) 7

---

303 (OBMEP – 2017) Na conta armada, cada letra representa um algarismo, e letras diferentes representam algarismos diferentes. Qual é o algarismo que a letra T representa?

a) 0
b) 1
c) 3
d) 5
e) 7

$$\begin{array}{r} GOTA \\ GOTA \\ GOTA \\ GOTA \\ +\,GOTA \\ \hline AGUA \end{array}$$

---

304 (OBMEP – 2016) José dividiu um segmento de reta em seis partes iguais. Ele observou que os pontos das extremidades do segmento correspondem às marcas de 5 cm e 8 cm de sua régua. Qual dos pontos corresponde à marca de 6 cm da régua?

a) A
b) B
c) C
d) D
e) E

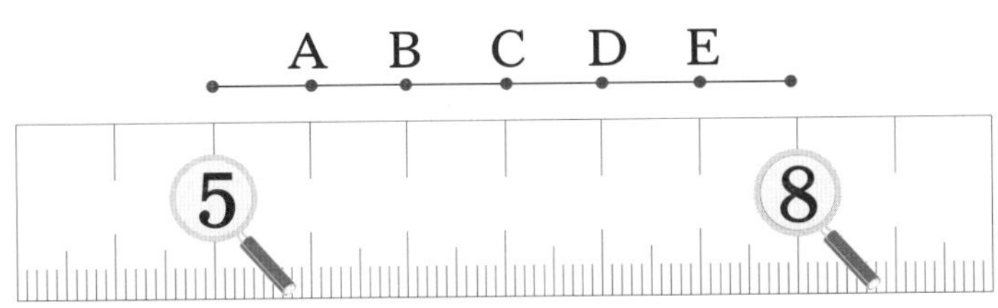

---

305 (OBMEP – 2016) Observe a figura. Qual é a soma dos números que estão escritos dentro do triângulo e também dentro do círculo, mas fora do quadrado?

a) 10
b) 11
c) 14
d) 17
e) 20

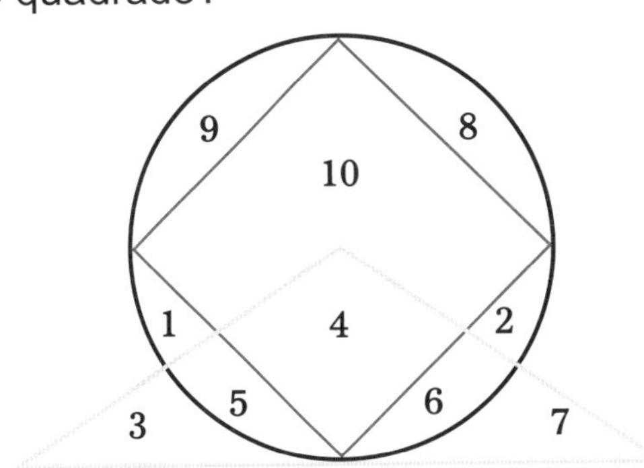

Resp: **297** a) (x = 30°) (y = 25°) b) (x = 50°) (y =10°) c) (x = 40°) (y =30°) d) (x = 60°) (y = 30°) e) (x = 35°)(y = 115°) f) (x = 40°) (y = 150°) (a = 10°) **298** a) 40° b) 128° c) 130°

306 (OBMEP – 2016) A metade e o dobro do número 26 são números naturais de dois algarismos. Quantos são os números naturais que possuem essas mesmas propriedades?

a) 15

b) 18

c) 20

d) 22

e) 25

---

307 (OBMEP – 2015) O número 4 580 254 é múltiplo de 7. Qual dos números abaixo também é múltiplo de 7?

a) 4580249

b) 4580248

c) 4580247

d) 4580246

e) 4580245

---

308 (OBMEP – 2015) Qual é o algarismo das unidades do número a seguir?

$$\mathbf{1 \times 3 \times 5 \times 7 \times 9 \times 11 \times 13 \times 15 \times 17 \times 19 - 2015}$$

a) 0

b) 1

c) 5

d) 6

e) 8

---

309 (0BMEP – 2015) Ana listou todos os números de três algarismos em que um dos algarismos é par e os outros dois são ímpares e diferentes entre si. Beto fez outra lista com todos os números de três algarismos em que um dos algarismos é ímpar e os outros dois são pares e diferentes entre si. Qual é a maior diferença possível entre um número da lista de Ana e um número da lista de Beto?

a) 795

b) 863

c) 867

d) 873

e) 885

310 (OBI – 2016) Uma série de diagramas com triângulos é construída usando palitos de fósforo, como mostrado na figura abaixo.

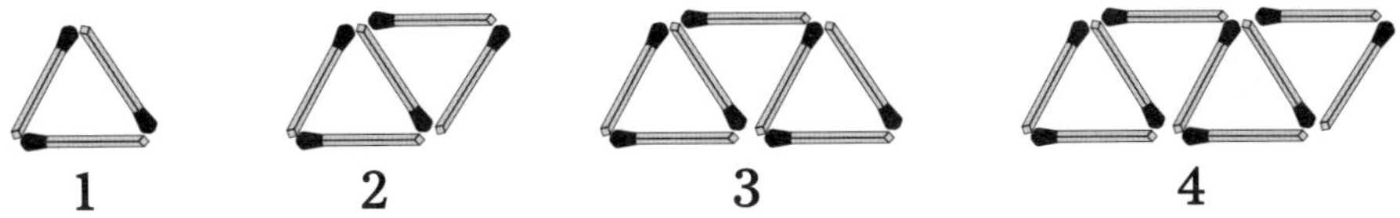

a) Quantos palitos são necessários para construir o diagrama de número 5?

b) Quantos palitos são necessários para construir o diagrama de número 60?

c) Qual o número do maior diagrama que é possível construir com uma caixa de palitos de fósforo que contém 42 palitos?

---

311 (OBI – 2016) João está construindo uma cerca com postes e traves, como nos diagramas abaixo.

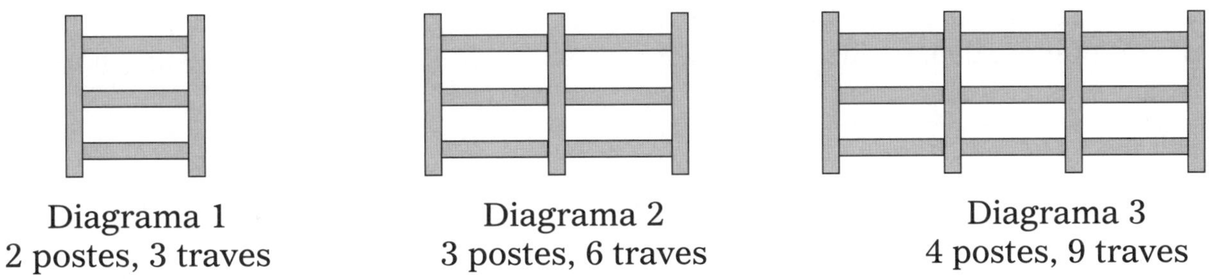

a) Quantas traves terá uma cerca com seis postes

a) 6

b) 9

c) 12

d) 15

e) 18

b) Quantos postes são necessários para uma cerca com 27 traves?

a) 9

b) 10

c) 11

d) 12

e) 13

c) Cada poste custa R$ 10,00 e cada trave custa R$ 5,00. Qual o custo de uma cerca com oito postes?

a) R$ 80,00

b) R$ 105,00

c) R$ 120,00

d) R$ 185,00

e) R$ 215,00

Resp: **299** C **300** B **301** B **302** B **303** C **304** B **305** B

312 (OBMEP – 2013) Ao medir a cintura de Marta com uma fita métrica, Dona Célia observou que as marcas de 23 cm e 77 cm ficaram sobrepostas, como na figura. Qual é a medida da cintura de Marta?

a) 23 cm

b) 50 cm

c) 54 cm

d) 77 cm

e) 100 cm

---

313 (OBMEP – 2012) Um feirante tem cinco cestas que contêm limões e laranjas. A quantidade total de frutas em cada cesta está indicada pelo número correspondente. Ele apontou para uma das cestas e disse: "Se eu vender esta cesta, o número de limões passará a ser o dobro do número de laranjas". Quantas frutas tem a cesta para a qual ele apontou?

a) 8
b) 11
c) 13
d) 18
e) 23

---

314 (OBMEP – 2013) Joãozinho subtraiu o menor número de três algarismos diferentes do maior número de três algarismos diferentes. Que resultado ele obteve?

a) 882

b) 883

c) 885

d) 886

e) 888

---

315 (OBMEP – 2017) Uma escola fez uma pesquisa com todos os alunos do sexto ano para verificar se eles gostavam de banana, maçã ou laranja. Cada aluno assinalou pelo menos uma dessas três frutas. A tabela abaixo apresenta os resultados da pesquisa.

	6º A	6º B	6º C
Banana	20	15	14
Maçã	12	20	12
Laranja	18	5	10

Por exemplo, 20 alunos do 6ºA assinalaram que gostam de banana. Quantos alunos há, no mínimo e no máximo, no sexto ano dessa escola?

a) No mínimo 54 e no máximo 126 alunos.

b) No mínimo 54 e no máximo 58 alunos.

c) No mínimo 27 e no máximo 54 alunos.

d) No mínimo 27 e no máximo 126 alunos.

e) No mínimo 31 e no máximo 58 alunos.

316 (OBMEP – 2013) Caetano fez cinco cartões, cada um com uma letra na frente e um número atrás. As letras formam a palavra OBMEP e os números são 1, 2, 3, 4 e 5. Observe os quadrinhos e responda: qual é o número atrás do cartão com a letra M?

a) 1

b) 2

c) 3

d) 4

e) 5

317 (OBMEP – 2013) Na tabela há um número escondido na casa cinza e a soma dos números da primeira linha é igual à soma dos números da segunda linha. Qual é o número escondido?

1	3	5	7	9	11	13	15	17	2013
3	5	7	9	11	13	15	17	19	

a) 1995
b) 1997
c) 1999
d) 2001
e) 2005

318 (OBMEP – 2013) Uma piscina quadrada tem a borda formada por pedras quadradas brancas e pretas alternadas, como na figura. Em um dos lados da piscina há 40 pedras pretas e 39 pedras brancas. Quantas pedras pretas foram usadas na borda?

a) 156
b) 157
c) 158
d) 159
e) 160

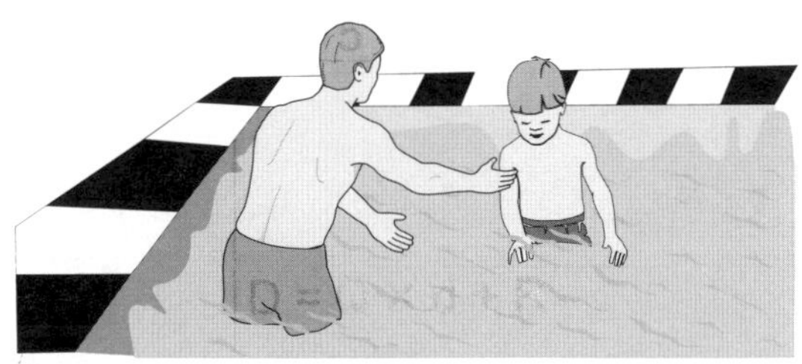

319 (OBMEP – 2013) Mário gosta de escrever dois números de cinco algarismos usando todos os algarismos de 0 a 9 e depois subtrair o menor do maior. Por exemplo, ele escreveu os números 78012 e 39654 e calculou sua diferença 78012 − 39654 = 38358. Qual é a menor diferença que ele pode obter?

a) 237

b) 239

c) 247

d) 249

e) 269

Resp: **306** A **307** C **308** A **309** E **310** a) 11 b) 121 c) 20 **311** a) D b) B c) D

320 (OBMEP – 2017) Ana, Beatriz, Carolina, Diana e Elaine, em roda, brincam de falar números consecutivos. Ana começa falando 1, depois Beatriz fala 2 e assim por diante, conforme ilustrado na figura. Elas iniciam a brincadeira no sentido horário e mudam o sentido toda vez que o número falado for múltiplo de 7. Qual delas vai falar o número 32?

a) Ana

b) Beatriz

c) Carolina

d) Diana

e) Elaine

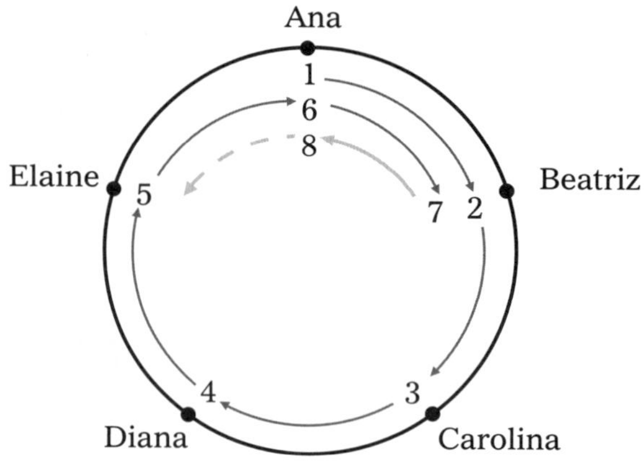

321 (OBMEP – 2012) Rita deixou cair suco no seu caderno, borrando um sinal de operação (+, –, × ou ÷) e um algarismo em uma expressão que lá estava escrita. A expressão ficou assim:

Qual foi o algarismo borrado?

a) 2

b) 3

c) 4

d) 5

e) 6

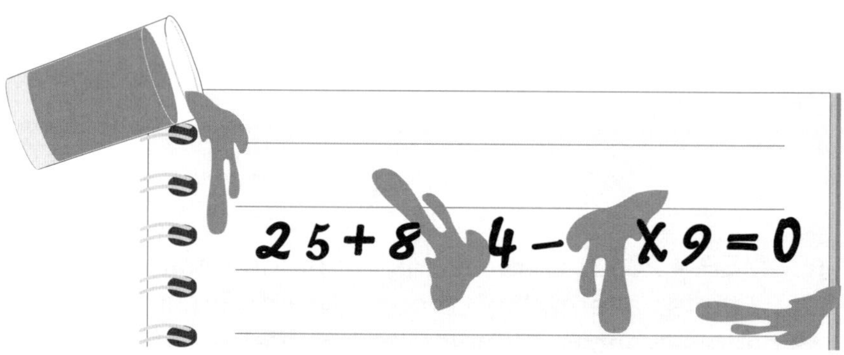

322 (OBI – 2014) Um palíndromo é um número inteiro positivo, sem zeros à esquerda, que é o mesmo se lido da esquerda para a direita ou da direita para a esquerda. Por exemplo, os números 11 e 65256 são palíndromos, mas os números 010 e 123 não são. A diferença entre o valor do maior palíndromo de três dígitos e o menor palíndromo de três dígitos é:

a) 989

b) 888

c) 898

d) 998

e) 979

323 (OBI – 2014) Em um Quadrado Mágico, a soma de qualquer coluna, linha ou diagonal tem sempre o mesmo valor. A figura abaixo mostra um Quadrado Mágico parcialmente preenchido. Qual é o valor de x?

3	5	7
4		x

a) 1
b) 2
c) 3
d) 4
e) 5

---

324 (OBMEP – 2014) Stephani multiplicou 111 por 111 e somou os algarismos do resultado. Qual é o valor dessa soma?

a) 5
b) 6
c) 9
d) 11
e) 12

---

325 (OBMEP – 2014) Milena começou a estudar quando seu relógio digital marcava 20 horas e 14 minutos, e só parou quando o relógio voltou a mostrar os mesmos algarismos pela última vez antes da meia noite. Quanto tempo ela estudou?

a) 27 minutos
b) 50 minutos
c) 1 hora e 26 minutos
d) 3 horas e 47 minutos
e) 3 horas e 56 minutos

---

326 (OBMEP – 2014) Na figura, o número 7 ocupa a casa central. É possível colocar os números 1, 2, 3, 4, 5, 6, 8 e 9, um em cada uma das casas restantes, de modo que a soma dos números na horizontal seja igual à soma dos números na vertical. Qual é essa soma?

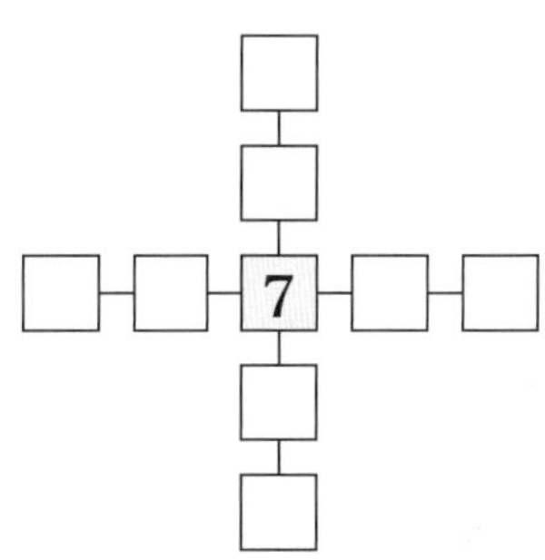

a) 22
b) 23
c) 24
d) 25
e) 26

327 (OBI – 2014) Maria e Eduardo ganharam vários doces, e decidem jogar um jogo para decidir a quantidade de doces que cada um terá direito. O jogo funciona da seguinte maneira: 1. Inicialmente, um número inteiro positivo x é sorteado em uma roleta; 2. Enquanto x for maior do que zero, repete-se o procedimento:

- Se x for par, Eduardo pega um doce e divide x por dois;
- Caso contrário, Maria pega um doce e subtrai 1 de x;
- Volta-se ao passo 2 com o novo valor de x;

a) Para que Eduardo tenha a maior vantagem possível sobre Maria, ou seja, para que ele ganhe uma quantidade de doces que seja maior do que a de Maria pela maior diferença possível, qual deve ser o valor de x sorteado, entre os valores abaixo?

a) 32

b) 9

c) 51

d) 17

e) 20

b) Suponha que Maria, para ganhar mais doces, pudesse mudar exatamente uma parte da regra: o número que ela subtrai de x ao pegar um doce para si. Para ganhar a maior quantidade de doces possível, qual deveria ser sua escolha?

a) 1

b) 2

c) 3

d) 4

e) Nenhuma das anteriores

c) Qual das alternativas será verdadeira para qualquer valor de x sorteado?

a) Eduardo sempre pegará mais doces do que Maria.

b) Maria sempre será a última a pegar um doce.

c) Sempre que Maria pega um doce, Eduardo pega o próximo doce.

d) Sempre que Eduardo pega um doce, Maria pega o próximo doce.

e) Não se pode afirmar nada sem o valor de x.

d) Qual das seguintes alternativas descreve uma situação que nunca pode ocorrer nesse jogo?

a) Maria termina com mais doces do que Eduardo.

b) Eduardo termina com 10 doces a mais do que Maria.

c) Maria termina com 2 doces a mais do que Eduardo.

d) Maria e Eduardo terminam, juntos, com mais de 10 doces

e) Eduardo termina o jogo sem nenhum doce.

328 (OBMEP – 2014) Télio deu para sua mãe uma caixa com 13 bombons, dos quais 5 são brancos e os demais escuros. Desses 13 bombons, 7 são recheados. Qual é a menor quantidade possível de bombons escuros recheados nessa caixa?

a) 1

b) 2

c) 3

d) 4

e) 5

---

329 (OBMEP – 2014) Quantos são os números ímpares, de cinco algarismos, nos quais a soma dos algarismos das unidades e das dezenas é 16 e a soma de todos os algarismos é um múltiplo de 5?

a) 90

b) 180

c) 216

d) 360

e) 532

---

330 (OBMEP – 2014) Todos os números de 1 a 24 devem ser escritos nas faces de um cubo, obedecendo-se às seguintes regras:

- em cada face devem ser escritos quatro números consecutivos;

- em cada par de faces opostas, a soma do maior número de uma com o menor número da outra deve ser igual a 25.

Se os números 7 e 23 estiverem escritos no cubo como na figura, qual é o menor número que pode ser escrito na face destacada em cinza?

a) 1

b) 5

c) 9

d) 11

e) 17

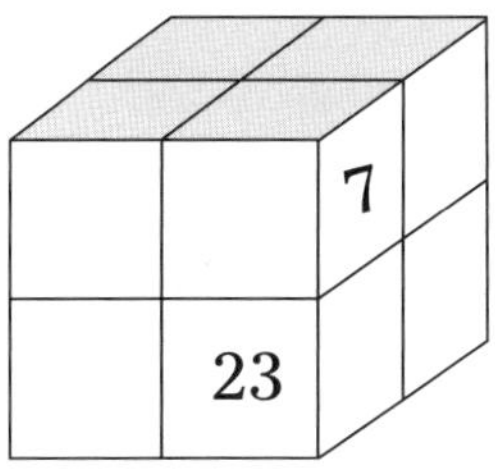

Resp: **320** D **321** B **322** C **323** B **324** C **325** C **326** E

ANOTAÇÕES DE AULA

Resp: **327** a) a b) B c) B d) C **328** B **329** D **330** C